技能型紧缺人才培养培训工程系列教材

中等职业教育课程改革创新教材

物流法律法规

第2版

赵 阳 编著

机 械 工 业 出 版 社

全书共分八个单元：物流法律法规概述、货物运输法律法规、仓储法律法规、物流配送法律法规、装卸搬运法律法规、流通加工法律法规、物流包装法律法规、物流活动中有关保险的法律法规。书后附有部分合同样本、部分物流相关法规检索目录及国家物流术语标准供学生课后参考。

本书的编写依据中等职业技术学校对学生培养方向的定位，注重学生动手能力的培养，力争做到理论联系实际，体现以下特点：①通俗易懂，降低难度。②增强趣味性、生动性和启发性。③改变传统的中职教育方法，“轻理论、重实践”。通过每单元的学习，让学生明确知道“我知道了该怎么做、学会了要如何去做”。④本书备有综合实训，供学生课后练习。

本书可作为中等职业技术学校物流管理、电子商务、运输、工商管理等专业的基础教材，也可作为物流及相关行业从业人员学习法律法规的参考教材。

图书在版编目（CIP）数据

物流法律法规/赵阳编著．—2 版．—北京：机械工业出版社，2010.3（2022.1 重印）

（技能型紧缺人才培养培训工程系列教材）

中等职业教育课程改革创新教材

ISBN 978-7-111-29537-2

Ⅰ．物… Ⅱ．赵… Ⅲ．物流-物资管理-法规-中国-专业学校-教材 Ⅳ．D922.29

中国版本图书馆 CIP 数据核字（2010）第 007008 号

机械工业出版社（北京市百万庄大街 22 号 邮政编码 100037）

策划编辑：徐永杰　　责任编辑：聂志磊

封面设计：陈　沛　　责任印制：常天培

北京中科印刷有限公司印刷

2022 年 1 月第 2 版第 16 次印刷

184mm×260mm・12 印张・293 千字

标准书号：ISBN 978-7-111-29537-2

定价：37.00 元

电话服务	网络服务
客服电话：010-88361066	机　工　官　网：www.cmpbook.com
010-88379833	机　工　官　博：weibo.com/cmp1952
010-68326294	金　　书　　网：www.golden-book.com
封底无防伪标均为盗版	机工教育服务网：www.cmpedu.com

序

为落实以就业为导向、以服务为宗旨的职业教育办学方针，树立工作过程导向的课程观、行动导向的教学观、多元智能的人才观及多元评价的质量观，实现以服务社会主义现代化建设为宗旨，培养适应经济社会发展需要的，具有良好的职业道德、职业素质以及在生产、服务第一线工作的熟练的职业技能和职业能力的技能型人才的培养目标，机械工业出版社联合多所中等职业学校组织修订了这套物流专业系列教材。

本套教材力求落实物流专业培养目标与人才规格，提出了“紧紧围绕培养物流管理操作型人才这一核心，以最先进的职教理论和课程理论为指导，占领中等职业教育的制高点，紧贴物流职业领域的实际，使教材的编写经得起时间的考验”的指导思想。

本套教材编写的基本思路是：①打破学科体系，以培养职业能力、提高职业素质为核心，构建以工作过程为导向、理论与实践一体化、专业教学标准与职业资格标准相融合的职业教育课程体系。②专业基础课程以综合课程为主，专业课程（实务）以行动导向课程为主。③综合课程与职业资格取证挂钩。④加强实践、实训课程建设。⑤既能适应学历教育的需要，又能满足职业培训的需要。

本套教材的主要特点为：①以现代职业教育课程理论为指导，体现“以全面素质为基础，以就业为导向，以能力为本位，以学生为主体”的职教课程改革指导思想。②反映物流行业现实的特点和发展的需求，从职业岗位需求出发，以职业能力和技能培养为核心，既反映物流业现实的需要，又具有超前性，体现新知识、新技术、新工艺、新方法的应用。③体现学生自主学习、探究学习、合作学习和教学方法、学习方法的改革。④体现对职业能力评价等评价方式的改革。⑤体现现代职业教育教学手段，编写形式新颖多样、图文并茂、生动活泼、简洁直观，有助于学生理解。

本套教材分为综合型课程教材和行动导向型课程教材。

综合型课程教材的编写力争实现以下要求：①课程目标既要明确知识点，更要突出能力点。②课程内容主要是“是什么”和“怎么样”。③教学方式采用案例教学、情境教学和实践教学等手段，使学生在学习过程中做到动脑、动口、动手。④在教学方法上，为探究式学习、合作式学习留出充分的时间。⑤评价方式多采用开卷考试、口试、实操考核、“课业”考核、阶段考核和过程考核等考核方式。

行动导向型课程教材是本套系列教材的特色，主要体现在：①以运输、仓储、配送、采购、物流营销、物流信息管理等物流结点的主要工作流程为线索。②以上述各个工作流程中的不同操作环节所需要的能力、技能以及相关知识为蓝本。③以能力培养为主线。④以创建行动学习环境，组织学生动手操作、主动探索为教学模式。⑤以培养学生物流业务能力和综合职业素质为目标。

物流专业行动导向型课程由若干项工作任务组成，每一项工作任务都包含了对某一个工作环节操作能力的培养。本套教材为每项工作任务设置了任务描述、任务目标、情景导入、知识储备、教师演示、学生动手、举一反三和学习评价八个栏目，对课程的教学给予了明确的指导。

对于物流专业行动导向型课程的教学，建议采用以下教学模式：

模式一：基础实训模式

1）教师指导学生明确教学目标和实训要求。

2）教师指导学生明确实训的任务、方法和步骤。

3）学生准备相关材料和必备的知识（教师辅导）。

4）学生按照实训内容进行操作训练（教师辅导）。

5）学习评价。

模式二：角色实训模式

1）教师提出问题，并向学生介绍和展示问题情景，指导学生明确教学目标和实训要求。

2）按某一类型的物流企业组织结构组织学生以小组为单位分别担任不同职务（扮演不同角色），并研究角色的职责和任务。

3）角色扮演者根据角色扮演设计方案分别进行课堂现场展示，还可进行角色互换。

4）学习评价。

模式三：项目实训模式

1）教师布置学习任务，指导学生明确学习目标和实训要求，帮助学生理解任务。

2）教师提供相关参考资料，各项目小组进行调查研究、查阅资料、获取信息，作必要的知识和技能准备。

3）各项目小组合作学习，制定工作计划。

4）根据项目小组制定的计划提出各种方案，经过讨论确立本项目的最佳实施方案。

5）组织项目实施，教师作示范，学生观看；学生根据计划完成任务，教师观看、指导。

6）学生在完成项目的过程中自己检查工作过程及结果，出现问题时随时请教师或同学帮助解决。

7）学生完成项目后对成果进行展示与自我评价，同时对其他同学项目完成情况提出问题，互相交流。教师对学生在整个学习过程中的表现予以评价，对出现的问题给予纠正。

根据物流企业的现实情况，建议将行动导向型课程的操作训练方式分为两种：①手工操作，如手工填制各种单证。②结合物流信息管理系统上机操作，如在仓储信息管理系统中完成各仓储管理岗位的操作。

行动导向型课程建设需要教学管理的改革与之配套，如在教学安排上，可以在传统的“两课时一个教学单元”和“一课时一个教学单元”的基础上，采用“一天一个教学单元”和“一周一个教学单元”两种形式；又如在学习评价上，采用过程评价、能力评价的评价方式，在等级评价上，主要采用优秀、合格和不合格的等级体系。

本套教材中的许多探索还只是初步的，肯定还有许多不完善的地方，敬请同仁们多提宝贵意见。

中等职业教育物流专业系列教材编委会

第 2 版前言

自《物流法律法规》第 1 版出版以来，受到了全国各地中等职业技术学校、职业技术培训单位的热烈欢迎。为了进一步满足职业技术教育的要求，由机械工业出版社牵头决定重新修订，推出《物流法律法规》第 2 版。

随着新经济时代的到来，市场竞争的加剧，管理观念的更新以及法律意识的增强，第三方物流企业正在蓬勃兴起，国际物流企业也更趋活跃。社会需要大量兼备物流技术和法律知识的操作型人才，这样，对于职业教育人才的培养就提出了更高的要求，对学生的法律观念水平、潜在问题的分析和解决能力也提出了更高的要求。中等职业技术教育物流管理专业所需的基础知识也应适应市场变化，以保证向社会输送合格的物流专业初级操作人才，这正是我们积极推出《物流法律法规》第 2 版的初衷。

《物流法律法规》第 2 版在第 1 版的基础上进行了内容的再修订，保留了原教材的主要编写风格和核心内容，增加和补充了物流案例，并对原书中较为薄弱的部分进行了充实和改写，以便使教材更能适应物流行业对人才实际要求的变化，更符合中等职业技术教育的培养目标和教学特点，更方便广大师生的使用。

本书由吉林建筑工程学院职业技术学院赵阳编著，编者借此向对本书的修订工作给予热心支持和关心的同志表示衷心的感谢。

为方便教学，本书配备助教课件、综合实训参考答案等丰富教学资源包。凡选用本书作为教材的教师均可登录机械工业出版社教材服务网（http://www.cmpedu.com）或加入中职物流教师交流群（QQ 群号：170211876）免费下载。

编　者

第 1 版前言

随着全球经济一体化进程的加快和科学技术的飞速发展，物资流通在国民经济建设中的作用变得越来越重要。目前，我国已经将物流业作为第三产业发展的重点。任何一项活动的进行，都要遵循一定的规则，物流行业需要良性发展，也需要完善的法律环境。我国目前尚未形成一套系统的物流方面的法律法规，有关物流环节相关的法律法规偶见于其他法律法规之中，不便于从事物流工作的初级人员学习和掌握。为增强针对性和可操作性，特编写本书，以供参考。

目前，我国物流行业既缺乏通晓现代物流运作管理及熟悉相关法律法规的复合型人才，又缺乏素质高、法律意识强的操作型人才。培养大量兼备物流技术和法律知识的操作型人才是社会所需，是中等职业技术学校义不容辞的职责。为此，从我国物流发展对人才的长远需求考虑，针对物流业对不同层次人才的需求，有必要在中等职业技术教育中设置相应的法律法规课程，以保证及时地向社会输送合格的物流专业初级操作人才。

本书的编写依据中等职业技术学校对学生培养方向的定位，注重学生动手能力的培养，力争做到理论联系实际，体现前瞻性和先进性，并且针对现阶段我国中职学生的具体情况，突出以下特点：①通俗易懂，降低难度。②增强趣味性、生动性和启发性。③改变传统的中职教育方法，“轻理论、重实践”。通过对每个单元的学习，让学生明确地知道“我知道了该怎么做、学会了要如何去做”。④本书备有配套练习册，供学生课后练习。

本书可作为中等职业技术学校物流、电子商务、运输、工商管理等专业的基础教材，也可作为物流及相关行业从业人员学习法律法规的基础教材。

本书由吉林建筑工程学院职业技术学院赵阳（第一、二、三、四、五、六、七章）、吉林建筑工程学院职业技术学院王贵生（第八章）编写，全书由赵阳统稿。本书编者借此向对本书的编写给予热情指导的上海物资学校的李建成教授及对编写工作给予热心支持和关心的同志表示衷心的感谢。

本书在编写过程中参考了大量的文献资料，引用了一些专家学者的研究成果，在此对这些文献作者表示诚挚的谢意。由于物流法律法规在我国正处在阶段性的变革发展中，一些理论和实际操作还正在探索之中，加上编写时间有限及作者的认识不可避免地存在一定的局限性，本书在叙述中难免存在一些不足之处，我们衷心希望读者予以指正（敬请将宝贵意见提供至吉林建筑工程学院职业技术学院赵阳，地址：长春市西安大路 4013 号，邮编：130062）。

编　者

目　录

第一单元　物流法律法规概述

本单元学习导引图

物流法律法规概述

- **对物流和物流企业的介绍**
  - 认识物流、物流企业和物流活动
  - 了解物流企业的特征和物流的分类
  - 明确我国现有的物流企业类型和法律地位
  - 学会设立物流企业
- **熟悉物流法律法规**
  - 了解物流法律法规的含义及相关的法律法规框架
  - 了解物流法律法规的特点、作用
  - 掌握物流企业在物流活动中的责任
  - 熟悉物流服务合同

学习目标

通过本单元的学习，了解有关物流和物流企业的基本概念及分类；明确我国物流企业在物流活动中的责任；掌握物流企业设立的条件、程序等；熟悉物流法律法规的含义、特点及相关的法律法规框架；明确物流企业在物流活动中的责任；学会签订物流服务合同。

综合知识模块一

对物流和物流企业的介绍

社会生产力的发展推动着社会物流的发展，随着计算机技术、信息技术的飞速发展，社会对物流行业人才和技术的要求越来越高。对于即将步入这一行业的人员来说，首先要对这个行业有所了解，要懂得这个行业的“行规”——物流法律法规，这是今后能成为物流行业专业人员的前提条件。因此，要学好物流法律法规，知道在这个行业中如何去做。为此，必须首先认识、了解物流和物流企业所从事的活动。

案例导入

“做最强的物流服务商，做最好的船务代理人”这是中国远洋物流有限公司的奋斗目标，中国远洋物流有限公司秉承“一切为了客户满意”的服务理念，以发展现代物流事业为己任，致力于为国内外广大客户提供现代物流、国际船舶代理、国际多式联运、公共货运代理、空运代理、集装箱场站管理、仓储、拼箱服务、铁路运输、公路运输、驳船运输、项目开发与管理以及租船经纪等服务。它们以科学管理为手段，以高素质人才队伍为基石，以国际化物流服务体系为依托，以传统运输代理业务为基础，悉心建设以现代科技为支撑的物流操作平台，努力做大、做强综合性的运输服务体系，为广大客户实现价值最大化架设安全、便捷的通道。这是一个什么样的团队？在这个队伍中我能做什么？

能力知识点 1　认识物流、物流企业和物流活动

一、物流的概念

在人类社会商品交易过程中，随着商品所有权的转移，商品实体转移的物流活动必然会发生。我国国家标准《物流术语》（GB/T 18354—2001）对物流的定义为：“物品从供应地向接收地的实体流动过程。根据实际需要，将运输、储存、装卸、搬运、包装、流通加工、配送、信息处理等基本功能实施有机结合。”

物流包含的基本环节：运输、储存（保管）、装卸搬运、包装、流通加工、配送、信息处理，通常将物流包含的基本环节称为物流的“七要素”。

物流的概念起源于第二次世界大战时期美军的“Logistics”一词，意即“后勤”，属于军事范畴，原意是指将战时生产、采购、运输、配送等活动作为一个整体进行统一布置，以求战略物资补给的费用更低、速度更快、服务更好。

二、物流企业的含义

物流企业是以材料、半成品在从其生产地到消费地的过程中进行用户服务、需求预测、情报信息联络、物料搬运、订单处理、采购、包装、运输、装卸、仓库管理以及废物回收处理等一系列以物品为对象而进行活动，并以获取盈利、增加积累和创造社会财富为目的的营利性社会经济组织。

三、物流活动的内容

物流活动包括物品从原材料经过生产环节的半成品、产成品，最后经过流通环节到达消费者手中的全过程；同时，还包括物品的回收和废弃物的处理过程，涉及运输、储存、装卸、搬运、包装、流通加工、配送、信息处理等诸多环节。

能力知识点 2　了解物流企业的特征和物流的分类

一、物流企业的特征

（1）物流企业是专门从事与物质资料流通有关的各种经营活动的组织单位：它承担着供给商（包括生产商、供应商）和消费者（包括生产消费者、生活消费者）之间的储存、运输、加工、包装、配送、信息服务等全部活动，并通过促进相关的制造作业和营销作业来满足顾客需求。

（2）物流企业是自主经营、自负盈亏，以获取盈利、增加积累和创造社会财富为目的的营利性组织：物流企业的一切活动以“利益最大化”为目的，它必须以最优的方式考虑物流供应的问题。

（3）物流企业是具备为物质资料提供流通服务能力的企业法人：它具有权利能力和行为能力，依法独立享有民事权利和承担民事义务，在市场经济的运行和发展过程中平等地参与和竞争。

二、物流的分类

1. 按物流活动的业务范围划分

（1）单一物流：单一物流是指仅包括储存、运输、包装、装卸等一项或几项服务的物流，包括以下几种类型：①仓储服务型物流。②运输服务型物流。③装卸服务型物流。④包装服务型物流。⑤信息服务型物流。

（2）综合物流：综合物流是指对原材料、半成品从生产地到消费地之间所进行的运输、储存、装卸、包装、流通加工、配送、信息处理等全部服务的物流。

2. 按物流活动的空间范围划分

（1）地区物流：地区物流是指在某一地区内的物流活动，以单一的物流服务方式或几种服务方式相结合的形式为主。

（2）国内物流：国内物流是指在某一国家境内的物流活动，以单一的物流服务方式或几种服务方式相结合的形式为主。

（3）国际物流：国际物流是指不同国家之间的物流活动，既有单一的物流服务又有综合的物流服务。它是国际贸易活动中一个重要的组成部分，负责货物从一国到另一国的空间转移。

3. 按物流在企业经济活动中的作用划分

（1）供应物流：供应物流是指为生产企业提供原材料、零部件或其他物品时，物品在提供者与需求者之间的实体流动，即物资生产者、持有者至使用者之间的物流活动。

（2）生产物流：生产物流是指在生产过程中，原材料、在制品、半成品、产成品等在企业内部的实体流动。它是制造产品的工厂、企业所特有的，与生产流程同步，从企业仓库或企业入口开始，进入到生产线的始端，再进一步随生产加工过程的一个又一个环节流动，在物流的过程中，原材料本身被加工，同时产生一些余料、废料，直到生产加工终结。如果生产物流中断，生产过程也将随之停顿。

（3）销售物流：销售物流是指生产企业、流通企业在出售商品时，物品在供方与需方之间的实体流动。对生产企业而言，它是售出产品时的物流；对流通企业而言，它是从卖方角度出发的交易活动中的物流。销售物流活动带有很强的服务性，它是通过包装、送货、配送等一系列物流活动来实现销售的。

（4）回收物流：回收物流是指不合格品的返修、退货以及周转使用的包装容器，从需方返回到供方所形成的物品实体流动的过程。在生产、供应、销售的活动中，经常会产生因为质量、时间等原因形成的不合格产品，这部分商品往往造成返修和退货，在实际中还有一些要回收并加以利用的材料（如作为包装容器的纸箱、塑料筐、酒瓶，建筑行业的脚手架、钢模板等），这些都是形成回收物流的原因。

（5）废弃物物流：废弃物物流是指将经济活动中失去原有使用价值的物品，根据实际需求进行收集、分类、包装、搬运、储存等，并分送到专门处理场所时所形成的物品实体流动。

4. 按物流活动的组织者不同划分

（1）自主物流：自主物流是指生产企业或货主企业为满足自身的需要，自己提供人工、机械设备和场所，安排全部物流计划，亲自从事整个货物流程的物流活动。

（2）第三方物流：第三方物流是指物流服务提供者在一定时期内按照一定的价格向物流需求者提供的，建立在现代电子信息技术基础上的一系列个性化的物流服务。

（3）第四方物流：第四方物流是指建立在第三方物流基础上的，对不同的第三方物流企业的管理、技术等物流资源作进一步整合，为用户提供全面意义上的供应链解决方案的一种更高级的物流模式。它通过特定物流集成商负责制订全面的供应链策划方案，统一组织和选择满足用户需求的合作团队（包括分包商），利用整个团队来控制和管理用户公司的点式供应链物流。

5. 按物流的系统性质划分

（1）微观物流：微观物流又称小物流或企业物流，是从企业或消费者角度出发的物流，主要解决具体的物流问题，即主要解决制造商、流通业者、运输企业等在企业经营中的物流操作问题，也包括解决将不同的商品送到不同的消费者手中的问题。

（2）半宏观物流：半宏观物流介于宏观物流与微观物流之间，主要解决行业物流等问题，包括行业物流的系统化，各种产品从生产到消费之间的物流路径及物流成本在其商品价格中所占比例等问题。

（3）宏观物流：宏观物流又称大物流或社会物流，是从社会经济的角度、从全社会的整体角度讨论物流问题的，这些问题包括运输结构、流通结构、物流政策、产业物流布局等。

能力知识点 3　明确我国现有的物流企业类型和法律地位

一、我国现有的物流企业类型

（1）传统的仓储企业、物资企业：此类企业实行资产重组和流程再造，利用原有仓储设施建设配送中心，向用户提供配送、流通加工等物流服务。其主要代表有中储物流、中铁物流、港口物流等。

（2）国有交通运输企业和货运代理企业：这类企业立足运输，开展“门到门”的运输服务，提供运输代理，并且利用信息网络技术，与物流链上的其他企业进行合作，为用户提供集货、配送、包装、流通加工、仓储等服务。其典型代表有中远物流、中外运物流、中海物流、中邮物流等。

小知识

对于工厂而言，供应物流是指生产活动所需要的原材料、备品备件等物资的采购、供应活动所产生的物流；对于流通领域而言，供应物流是指交易活动中，从买方角度出发的交易行为中所产生的物流。

（3）生产企业自身成立相对独立的物流机构或实体：这类企业成立物流作业子公司，承担母公司物资产品的运输、保管、装卸、包装等活动；或者成立物流管理子公司，将母公司的物流企划工作独立出来，负责母公司的物流管理工作。

（4）第三方物流企业：第三方物流企业是指为物流服务的供需双方提供全部或部分物流功能的独立的、专业化的外部服务提供商。它不拥有商品，不参与商品买卖，专门为用户提供以合同为约束、以结盟为基础的系列化、个性化、信息化的物流服务。它站在用户的角度，为其设计物流系统，并对系统运营负责。

二、物流企业的法律地位

1）以本人身份与用户方订立物流服务合同，是物流服务中的契约服务企业。根据该合同，物流企业要对全程服务负责，负责或组织完成全程服务。

2）以本人身份参加物流服务全程中某一个或一个以上环节的实际操作，并对自己承担的环节负责。

3）以本人身份与自己不承担环节的其他分包商订立分包、分运合同。在这类合同中，物流企业既是发货方，又是收货方。

现代物流形成与发展的四个阶段：

1）第二次世界大战之前分散的、孤立的、附属于生产和流通状态的物流。

2）第二次世界大战之后的“第三利润源泉”物流。

3）小批量、多品种时期的成本下降、服务上升的物流。

4）网络时代全球一体化的、供应链协同发展的物流。

4）以本人名义与各衔接点（所在地）的货运代理人订立委托合同，以完成在该点的衔接及其他服务工作。在该类合同中，物流企业是委托人。

5）以本人名义与全程服务所需要涉及的各方面订立相应的合同或协议，在这些合同、协议中，物流企业均作为发货方出现。

能力知识点4　学会设立物流企业

一、物流企业设立的概念及具备的要件

物流企业设立是指物流企业的创立人为使企业具备从事物流活动的能力，取得合法的主体资格，依照法律规定的条件和程序所实施的一系列行为。设立物流企业必须具备实质要件和形式要件。

实质要件是设立物流企业时必须具备的条件，即要有与物流经营活动相适应的财产和必要的生产经营条件；有物流企业运营的组织机构；有固定的生产经营场所以及与生产相适应的人员等。实质要件与物流企业的市场准入相关联。

形式要件是指创立人在设立物流企业时依照法律规定的程序履行申报、审批和登记手续，依法取得从事物流经营活动主体资格的过程。

二、我国物流企业设立的方式

（1）核准设立：又称“许可设立”，即设立企业时，除需要具备法律规定的各项条件外，还需要主管行政机关审核批准后，才能申请登记注册的一种设立方式。

（2）准则设立：又称“登记设立”，即设立企业不需要经有关主管行政机关批准，只要企业在设立时符合法律规定的有关成立条件，即可到主管机关申请登记，经登记机关审查合格后予以登记注册，企业即告成立的一种设立方式。

（3）特许设立：又称“特批设立”，即企业必须通过国家的特别许可才能设立的一种方式，它通常适用于特定企业的设立。

（4）自由设立：自由设立是指法律对企业的设立不予强制规范，企业可以自由设立的设立方式。

三、物流企业的设立登记

物流企业的设立登记是物流企业的创立人提出企业登记的申请，经登记主管机关核准，确认其法律上的主体资格，并颁发有关法律文件的行为。物流企业申请企业法人登记，经登记主管机关审核，获准登记并领取《企业法人营业执照》，取得法人资格后方可从事经营活动，其合法权益才受国家法律保护。未经企业法人登记主管机关核准登记注册的，不得从事物流经营活动。

（1）物流企业设立的登记机关：我国物流企业的登记主管机关是国家工商行政管理总局和地方各级工商行政管理局。物流企业设立登记的管辖包括级别管辖和地域管辖，其中，级别管辖分为三级，即国家工商行政管理总局，省、自治区、直辖市工商行政管理局和市、县、区工商行政管理局。我国对企业设立登记的管辖实行分级登记管理的原则。

（2）物流企业设立的程序：物流企业设立程序是指物流企业的设立人向登记主管机关提出登记申请，登记主管机关对申请进行审查、核准以及准予设立登记和发布设立公告的程序。

第一步：组建物流企业的设立人。

第二步：向公司登记机关申请名称预先核准。

第三步：向登记机关提出设立登记申请。

第四步：登记机关对物流企业提交的申请进行核准、登记。

四、设立国内物流企业应具备的条件

1）物流企业必须具有经营管理的组织机构、业务章程和具有企业法人资格的负责人，以使其能够与用户方或其代表订立物流服务合同。

2）物流企业必须具有与经营能力相适应的自有资金。在涉及综合物流服务，甚至国际综合物流服务时，物流企业要完成或组织完成全程服务，并对全程服务中的货物灭失、损害和延误运输负责。因此，它必须具有开展业务所需的流动资金和足够的赔偿能力。

3）物流企业必须能承担物流服务合同中规定的与仓储、运输和其他服务有关的责任，并保证把货物交给物流服务单证的持有人或单证中指定的收货人。因此，它必须具备与合同要求相适应的，能承担上述责任的技术能力。

五、我国内资物流企业的市场准入条件

从事通常的物流行业（如批发业、道路运输、货物仓储等行业），其市场准入是没有特殊限制的，只要在设立相应企业时有与拟经营的物流范围相适应的、固定的生产经营场所、必要的生产经营条件，以及与所提供的物流服务相适应的人员、技术等，就可以到工商登记机关申请设立登记。若依《中华人民共和国公司法》（以下简称《公司法》）设立公司形式的物流企业，则除了满足《公司法》规定的设立条件外，还要满足最低注册资本金的要求。《公司法》第 23 条规定，成立科技开发、咨询、服务性的物流企业的注册资本金最低为 10 万元人民币；从事商品批发的物流企业，则最低注册资本金为 50 万元人民币。我国内资企业从事批发、仓储等物流服务时，不需要相应主管机关的审批核

我国内资物流企业的市场准入条件：内资物流企业市场准入是指我国内资在什么条件下可以进入物流市场，并参与物流市场的活动。在一般情况下，我国内资进入物流市场的基本准入条件是具备法人的资格，即内资应当在成为企业法人后才能从事物流经营活动。

准，只要符合《中华人民共和国民法通则》（以下简称《民法通则》）以及其他法律法规关于设立企业法人的条件，就可以到工商登记管理机构申请设立登记，成立相应的物流企业进入物流市场。

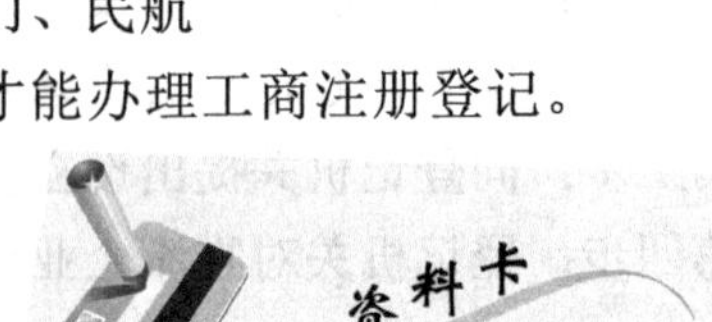

假如给你 10 万元资金，你能不能开办一个物流企业？你将怎么做？

从事特殊物流服务的企业（如国际海上运输业务、空运销售代理业务、经营航空快递业务等），必须经过主管机关的审批才能进入市场，从事物流经营活动。如从事国际海上运输业务的物流企业，必须经交通部审批；从事空运销售代理业务、经营航空快递业务的物流企业必须经民航行政主管部门、民航总局、国务院对外贸易经济合作主管部门审查批准，才能办理工商注册登记。

从事涉及国家经济命脉的一些特殊物流企业（如铁路运输、航空运输），必须经国务院特许才能设立。此类物流企业由于对国家经济、军事、政治等各个方面都有很大影响，甚至涉及国家领土、领空主权的完整等，因此，其市场准入的条件必然十分严格。

资料卡

物流企业的设立人，是指设立物流企业的全体股东或者全体发起人。

活动建议

1. 与同学搭伴一起去参观一个物流企业。
2. 上网查一查中国远洋物流有限公司，了解该公司的企业文化。

小资料

个别物流公司网站

中国远洋物流有限公司：http://www.cosco-logistics.com.cn
中铁快运股份有限公司：http://www.cre.cn
中邮物流有限责任公司：http://www.cnpl.cn
中远国际货运有限公司：http://www.cosfre.com
中铁集装箱运输有限责任公司：http://www.crct.com
招商局物流集团有限公司：http://www.cml-1872.com
中国物资储运总公司：http://www.cmst.com.cn
山东海丰国际航运集团有限公司：http://www.sitc.com.cn
青岛海尔物流有限公司：http://shop.jctrans.com
广东邮政物流配送服务有限公司：http://www.ep183.com
南方物流企业集团有限公司：http://www.nf56.com
深圳市腾邦物流股份有限公司：http://tempus.pinsou.com
远成集团有限公司：http://www.92000.com

漯河双汇物流投资有限公司：http://552943.71ab.com
民生实业（集团）有限公司：http://www.msshipping.cn
天津振华物流集团有限公司：http://www.zh-logistics.com
北京宅急送快运有限公司：http://www.zjs.com.cn
芜湖安得物流有限公司：http://www.annto.com.cn
宝供物流企业集团有限公司：http://www.pgl-world.cn

综合知识模块二

熟悉物流法律法规

物流活动是一项伴随着生产和流通而发生的经济活动，是为解决各种物质在生产和消费上存在的时间和空间上的差异而产生的，物流活动涉及生产、流通等各个方面，必然会受到相关法律规范的约束和调整。作为从事物流工作的人员，必须了解物流法律法规的含义和相关的法律法规知识，这样有利于加深对这一行业的认识，从而使所从事的工作有法可依、有章可循。

案例导入一

利达公司是大型运输企业，与嘉庆公司之间签订了长期货物运输协议。2009 年 12 月 1 日，嘉庆公司将一批化工原料委托利达公司运输，此时利达公司因运力不足，在未告知嘉庆公司的情况下，将货物外包给无工商注册的私人车主进行运输，途中发生车祸，货物受到严重损失并对环境造成了危害。利达公司应承担什么责任？实际运输的私人车主应该如何处理？

案例导入二

2006 年 4 月 12 日，中国对外贸易运输（集团）总公司与中海壳牌石油化工有限公司在广东惠州大亚湾假日酒店签订了“聚烯烃和桶装液体产品物流服务合同”。根据合同，中国对外贸易运输（集团）总公司将在未来 5 年内利用集团的配送网络，为中海壳牌石油化工有限公司提供运输、仓储及产品动态信息管理等物流服务，每年将 70 余万吨的聚烯烃和桶装液体产品送达其在全国各地的客户。中国对外贸易运输（集团）总公司为履行对中海壳牌石油化工有限公司的承诺及确保该项目的服务质量，在大亚湾地区设立中外运瑞驰物流有限公司，作为项目运营的专门机构。这是物流服务合同的成功案例。

能力知识点1　了解物流法律法规的含义及相关的法律法规框架

一、物流法律法规的含义

物流法律法规是指调整与物流活动有关的社会关系的法律规范的总称。它是一个具有相对独立性的法律规范集合体，由与物流直接相关的法律规范有机组成。这种有机的组合，虽然不能构成一个独立的大法，但却具有一定的相对独立性。

二、与物流相关的法律法规框架

（1）法律：由全国人大通过，以国家主席令形式发布的法律文件。

（2）法令：或称行政法规，是指由国务院常务会议通过，以国务院令形式发布的法律文件。

（3）法规：或称部门规章，是指由政府各行业主管部门制定，以部、委、局令形式发布的法律文件。

（4）国家标准：由国家质量技术监督管理部门组织制定、批准和发布。其中有一些强制标准属于国家的技术法规，其他标准本身虽不具有强制性，但因标准的某些条文由法律赋予强制力而具有技术法规的性质。

（5）国际公约：由国际组织制定，各国签字加入成为缔约国。对我国企业或组织有约束力的是我国已正式加入的公约，我国未加入的公约对我国企业或组织在国际上的活动也具有一定影响。

（6）国际惯例：国际惯例是指经过长期的国际实践形成的习惯性规范。成文的国际惯例由某些国际组织或商业团体制定，各方可加以自由引用，自愿受其约束，属于非强制性规范。

（7）国际标准：由国际组织制定，本身没有强制力（国际标准均为推荐性标准），但国际公约常将一些国际标准作为公约附件，从而使其对缔约国构成约束，如国际标准化委员会（ISO）、国际电工委员会（IEC）等制定的针对产品和服务的质量及技术要求的标准就是如此。

能力知识点2　了解物流法律法规的特点、作用

一、物流法律法规的特点

（1）广泛性：表现为物流运行的过程、物流活动的内容、物流活动的表现形式、物流活动涉及的行业以及参与者的多样性。

（2）复杂性：即使在同一类法律规范中，由于物流活动所涉及的领域多、环节多、参与的人数多，同一物流服务提供者常常处于双重或多重法律关系中，因而导致产生各种法律规范来约束不同的主体。随着国际物流的发展，跨国公司的物流活动会涉及很多国家，各国将针对物流国际立法问题进行协调和平衡。

（3）技术性：整个物流活动过程都需要运用现代信息技术和电子商务，物流活动自始至终都体现出较高的技术含量。物流法律法规作为调整物流活动的法律规范，涉及物流活动的专业术语、技术标准等。

（4）国际性：国际物流的出现和发展，使得物流超越了国家和区域的界限走向国际化。与之相适应，物流法律法规也呈现出国际化的趋势，这具体表现在一些领域内出现了全世界通用的国际标准。

二、物流法律法规的作用

（1）正确引导物流业的发展方向：国家通过立法或针对物流的不同流程制定单行法规，引导物流业向有序、健康的方向发展。

（2）促进物流市场体系的形成、发展：物流市场体系的形成、发展对促进物流业的发展具有至关重要的作用，但它的形成和发展需要国家政策的引导，需要法律规范的调整与之相适应。

（3）为物流业创造有序竞争的外部环境，促进物流业的健康发展：物流市场体系形成之后，部分经营者为了获取不正当利益，往往采取不合法手段参与市场竞争，因此，必须有相关法律规范对不法经营者进行惩处，以净化市场竞争的环境，促进物流业向健康的方向发展。

能力知识点 3　掌握物流企业在物流活动中的责任

一、物流企业的民事责任

物流企业的民事责任是指物流企业违反法定义务和合同义务所应承担的法律责任。物流企业在其所从事的物流服务中，一般是通过签订物流服务合同进行的，因而，其承担的民事责任主要是违约责任。

物流企业的民事责任主要包括以下两方面：

1）物流企业与需求者签订物流服务合同，违反合同的一方应承担违约责任。在物流业务实践中，物流企业从货物接收到货物交付给最终客户时为止，整个过程无论何时、何地，也无论货物是否处于其实际控制之下，无论是其自身过错还是分包人的过错，只要发生货物灭失或损坏，均应先由物流企业依据物流服务合同对物流服务需求者承担责任。

2）当物流企业将物流服务合同再行分包后，便具有双重的法律地位：① 面对物流需求者，物流企业需承担所有的义务和全部的责任，而不论损害是否由其造成。② 面对实际履行某环节的专业公司，则根据具体的分包合同承担相应的义务和责任。

二、物流企业的行政责任

物流企业的行政责任是指物流企业因违反国家有关物流监管的规定所应承担的法律责

任。国家对物流的监管主要体现在对物流活动主体的市场准入的要求，对主体实施物流活动的监督和管理，公平和公开竞争的物流市场环境、规则的确立等的监管上。物流企业所受到的行政处罚包括以下几个方面：

（1）停止违法经营活动：没有取得相应资格而从事物流经营的企业，行政主管机关依法要求其停止经营。

（2）没收违法所得：从事违法经营的物流企业如有违法所得的，行政机关依法予以没收，以示惩罚。

（3）罚款：对违反物流法律法规的物流企业所给予的一种经济上的处罚。

（4）撤销经营资格：如《中华人民共和国国际海运条例》第47条规定："国际船舶运输经营者、无船承运业务经营者、国际船舶代理经营者和国际船舶管理经营者将其依法取得的经营资格提供给他人使用的，由国务院交通主管部门或者其授权的地方人民政府交通主管部门责令限期改正，逾期不改正的，撤销其经营资格。"

（5）吊销营业执照：这是因物流企业从事违法行为而由工商行政管理机关将其营业执照予以吊销的一种处罚。

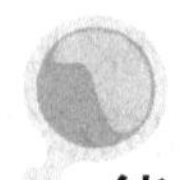

能力知识点4　熟悉物流服务合同

一、物流服务合同

物流服务合同是指第三方物流企业与其他企业约定，由第三方物流企业为后者进行物流系统的设计，或负责后者整个物流系统的管理和运营，承担系统运营责任，而由后者向第三方物流企业支付物流服务费的合同。物流服务合同具有以下特点：

1）物流服务合同是双务合同，即当事人双方相互享有权利并承担义务的合同。

2）物流服务合同是有偿合同，即享有合同权利必须偿付相应代价的合同。

3）物流服务合同是要式合同，物流单据是物流服务合同的证明，其本身不是合同。

4）物流服务合同是诺成合同，即当事人意思表示一致即成立的合同。

5）物流服务合同是提供劳务的合同，即物流企业在为物流服务需求者提供服务的整个过程中，仅仅是提供劳务服务，同时必须按物流服务需求者的要求完成物流服务项目。

6）物流服务合同的一方是特定主体，即物流服务合同中的物流企业必须是第三方物流企业，或专为提供物流服务收取报酬而经营的法人或其他组织。

7）物流服务合同有约束第三者的性质，即物流服务合同的双方是服务商与用户方，而收货方有时并没有参加合同签订，但收货方可直接取得合同规定的利益，并自动受合同的约束。

二、物流服务合同的主体

（1）用户方：是指与物流企业签订物流服务合同，或依据用户方授权而将货物实际交给物流企业的人，如案例导入二中的中海壳牌石油化工有限公司。

（2）收货方：是指有权提取货物的人。

（3）契约服务商：是指与用户方签订物流服务合同的服务商，如案例导入二中的中国对外贸易运输（集团）总公司。

（4）分包商：是指实际完成全程物流服务一个或几个环节的服务商，包括承揽仓储、包装、搬运的分包人，以及在多式联运中，实际完成运输全程中某一区段或几个区段货物运输的分运人。

三、物流服务合同的形式

物流服务合同的形式包括：①口头形式。②书面形式。③其他形式。

活动建议

调查你所居住的地区目前有哪些类型的物流企业。

知识拓展　了解物流服务合同条款

物流服务合同的条款分为一般条款和格式条款。

（1）一般条款：物流服务合同的一般条款包括以下内容：

1）当事人的名称或者姓名以及住所。

2）物流服务的范围和内容。

3）合作方式和期限。

4）双方的具体权利和义务。

5）服务所应达到的指标。

6）实物交接和费用的结算、支付。

7）违约和解除合同的处理。

8）争议的解决方法。

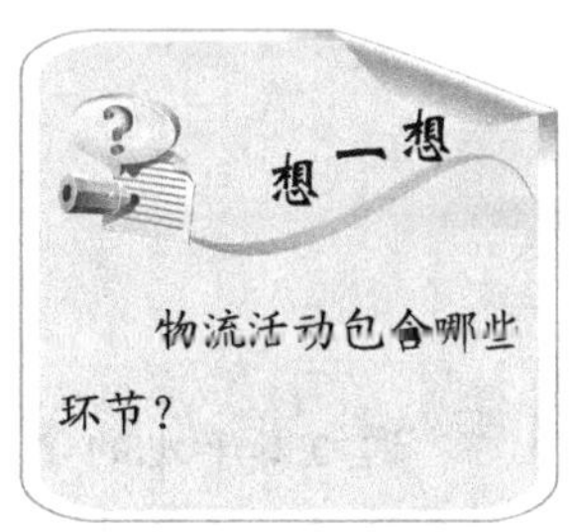

（2）格式条款：物流服务合同的格式条款，是指当事人为了重复使用而预先拟订，并在订立合同时未与对方协商的条款。根据格式条款订立的合同一般称为格式合同。《合同法》对物流格式合同条款有下列相关规定：

1）提供格式条款的一方应当遵循公平原则确定当事人之间的权利和义务，并采取合理的方式提请对方注意免除或者限制其责任的条款，按照对方的要求，对该条款予以说明。

2）格式条款在以下几种情况下无效：《中华人民共和国合同法》第 52 条规定的合同无效的五种情况和第 53 条规定的免责无效的两种情况，以及免除提供格式条款一方当事人主要义务、加重对方责任、排除对方当事人主要权利的条款无效。

3）对格式条款的理解发生争议时，应当作出不利于提供格式条款一方的解释。格式条款和非格式条款不一致时，应当采用非格式条款。

第二单元　货物运输法律法规

本单元学习导引图

货物运输法律法规

- **了解货物运输，熟悉运输合同**
  - 了解货物运输实务
  - 了解货物运输合同的概念及法律特征
  - 明确物流企业在货物运输合同中的法律责任
  - 明确货物运输合同的效力
- **了解公路、铁路、水路、航空货物运输法律法规**
  - 明确物流企业进行公路货物运输时应履行的义务和责任
  - 明确物流企业进行铁路货物运输时应履行的义务和责任
  - 明确物流企业进行水路货物运输时应履行的义务和责任
  - 明确物流企业进行航空货物运输时应履行的义务和责任
- 了解多式联运，明确当事人的义务和责任

学习目标

通过本单元的学习，了解货物运输实务，掌握货物运输合同的概念及法律特征，明确物流企业在各种运输方式中应履行的义务、责任及相关法律问题。

综合知识模块一

了解货物运输，熟悉运输合同

在物流系统的各个环节中，运输是非常关键的环节，它关系到物流占用多少时间，增加多少费用，决定着企业的经济效益，是物流企业的“第三利润源泉”。作为物流企业的工作人员，在货物运输中要认真负责，做好每一项工作，了解和掌握运输合同，认真执行合同，履行物流人员的责任。物流企业能否获得“第三利润”，做好物流货物运输是关键，因此每一个物流工作人员都要尽到自己的义务和责任。

案例导入一

哈密瓜事件

2009 年 8 月 1 日，兰州某水果批发商，向长春市某水果公司出售 10 吨哈密瓜，由于气温高，约定 8 月 3 日之前货物必须运到长春站，否则拒绝接货。兰州某水果批发商委托志远物流公司托运，并签订合同，约定 8 月 3 日之前货物必须运到长春站，由于运输途中汽车故障，8 月 4 日，货物才到达长春站。长春市该水果公司，在 8 月 4 日接到货物到长春站的通知后，由于库房问题，于次日（即 8 月 5 日）才去接货，致使部分哈密瓜已经变质。于是长春市该水果公司拒绝接货。请思考这个损失应该由谁承担？

案例导入二

老张托运货物

老张是一个服装经销商，在上海、济南、武汉、鞍山、大连分别开设了老张服装经销店。2009 年 6 月 2 日，他到广州进了一批服装，共 50 包，预计分别向这五个城市发货。为了节省费用，老张计划经上海港、大连港走水路和陆路结合的方式，将 30 包货物运往上海、大连和鞍山，再将 15 包货物由快递公司直接发往济南，然后租赁一辆汽车，自己开车将剩下的 5 包货物送往武汉。老张计划好以后，与广州九阳物流公司签订了联运合同，将 30 包货物运往上海、大连和鞍山；又与嘉铭快递公司签订了运输合同，将 15 包货物运往济南；最后他向维达运输公司租赁了一辆货车，装好 5 包货物直奔武汉。不久，老张的货物陆续到达了他的五个服装经销店，顺利完成了进货任务。在这次进货过程中共涉及六种角色：托运人、承运人、收货人、出租人、承租人、多式联运经营人。你能分清他们吗？

能力知识点 1　了解货物运输实务

运输是指物品借助运力在空间内所发生的位置移动。具体地说，运输就是通过火车、汽车、轮船、飞机等交通运输工具将货物从一处运送到另一处的活动。运输实现了物品空间位置的物理转移，实现了物流的空间效用。

一、运输中的主体

（1）托运人：是指与承运人订立货物运输合同的人，是把货物交给承运人运输的人。案例导入二中，老张将货物交给他人运输，老张为托运人。

（2）承运人：是指与托运人订立货物运输合同的人，负责把货物运送到指定的目的地。案例导入二中，广州九阳物流公司和嘉铭快递公司都与老张签订了运输合同，负责运输，这两个公司是承运人。

（3）收货人：是指在货物运输合同中指定的有权领取货物的人。案例导入二中，收货人为上海、济南、武汉、鞍山、大连的老张服装经销店。

（4）出租人：是指因货物运输而与承租人订立租用交通运输工具合同的人，将运输工具出租给承租人使用。案例导入二中，出租给老张汽车的维达运输公司是出租人。

（5）承租人：是指与出租人订立租用合同的人，从出租人处租用运输工具。案例导入二中，老张向维达运输公司租赁了一辆货车，自己驾驶，因此，老张是承租人。

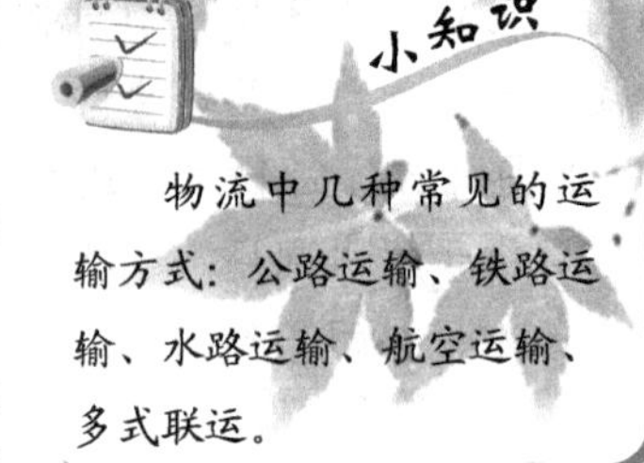

物流中几种常见的运输方式：公路运输、铁路运输、水路运输、航空运输、多式联运。

（6）多式联运经营人：是指与托运人订立多式联运合同的人，负责组织货物运输。

物流企业在运输中具有合同中受托人的法律地位，需要承担受托人的义务和责任；具有合同中承租人的法律地位，需要承担承租人的义务和责任；具有合同中托运人的法律地位，需要承担托运人的义务和责任。案例导入二中，广州九阳物流公司与老张签订运输合同，负责将货物运输到上海、大连和鞍山，要经过水路和陆路，属于多式联运，广州九阳物流公司是承运人，属于多式联运经营人。

二、物流企业对物流需求方所承担的运输责任

案例导入二中，广州九阳物流公司和嘉铭快递公司为物流企业，为需求方老张承担运输责任。物流企业对物流需求方所承担的运输责任如下：

1）选择最适宜的运输方式和运输路线来进行货物运输。

2）保证货物正常情况下的运输安全。

3）保证货物正常情况下的按时送达。

能力知识点 2　了解货物运输合同的概念及法律特征

货物运输合同是指承运人将货物从起运地点运输到约定地点，托运人或者收货人支付运输费用的合同。其中有承运人和托运人两方当事人，在实际中通常还有收货人参加的法律关系。

货物运输合同按照合同的对象的不同，分为普通货物运输合同、特种货物运输合同和危险货物运输合同；按照运输工具的不同，分为铁路货物运输合同、公路货物运输合同、水路货物运输合同、航空货物运输合同、管道货物运输合同；按照运输方式的不同，分为单一货物运输合同和联合货物运输合同。

货物运输合同具有以下法律特征：

1）货物运输合同的标的是承运人的运送行为，而不是被运送的货物本身。属于提供劳务的合同，以货物交付给收货人为履行终点。

2）货物运输合同是双务有偿合同。

3）货物运输合同属于为第三人利益订立的合同。

4）货物运输合同大多是诺成合同。

5）货物运输合同可以采用留置的方式担保。

6）货物运输合同大多是格式合同。

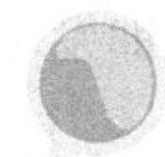

能力知识点3　明确物流企业在货物运输合同中的法律责任

物流企业在运输中的法律地位：物流企业在货物运输中可以作为物流服务合同的受托人，也可以作为交通运输工具租赁合同的承租人，还可以作为货物运输合同的托运人。但无论以什么样的身份出现，对委托人都要履行自己的义务、承担自己的责任。物流企业在运输过程中，要使用约定的运输方式进行运输货物，保证货物运输的安全，保证货物按时送达。

作为物流企业运输押运员，在运输中要承担哪些责任？

能力知识点4　明确货物运输合同的效力

一、托运人的义务

1）提供货物、支付费用。

2）填写合同或托运单。

3）提交相关文件。

4）按照约定的方法包装货物。

5）托运易燃、易爆、有毒、有腐蚀性、有放射性等危险品时，应对危险物妥善包装，作出危险物标志和标签，并将其名称、性质和防范措施的书面材料提交承运人，按照有关危险物的运输规定办理。

6）由于未按照合同约定提供托运货物或者未履行其他义务，从而造成承运人人身、运输工具或其他财产损害的，应承担赔偿责任。

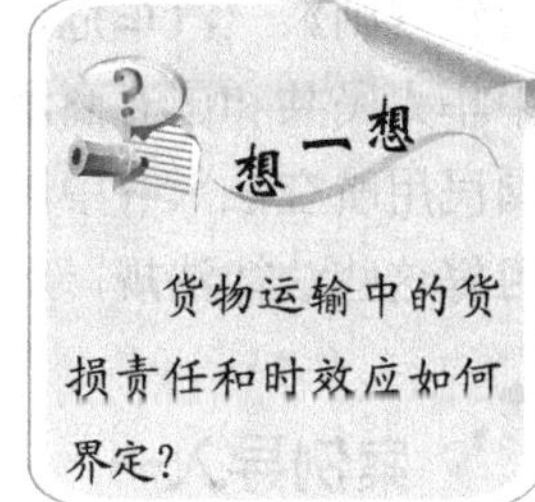

案例导入一中，托运人为兰州某水果批发商，他按照要求及时提供货物办理了相应托运手续，在此事件中无责任。

二、承运人的义务

1）按照合同约定配备运输工具，按期将货物送达目的地。

2）货物运到后，承运人及时通知收货人。

案例导入一中，承运人为志远物流公司，没有按期将货物送达目的地，应负全责。

通过降低物料消耗而获取的利润，称为“第一利润源泉”。

通过节约劳动消耗而增加的利润，称为“第二利润源泉”。

通过降低物流费用以取得的利润，称为“第三利润源泉”。

三、收货人的义务

1）接到收货通知后，应及时提货。

2）接到货物后，发现货物有毁损、灭失的，应在 3 日内通知承运人；对不能立即发现的毁损或者部分灭失，应在接受货物之日起 15 日内通知承运人。

案例导入一中，收货人为长春市某水果公司，由于货物没有按期到货，完全有理由不去接货。

活动建议

调查你所处地区物流企业常用的运输方式。

综合知识模块二

了解公路、铁路、水路、航空货物运输法律法规

在物流系统中，运输承担了改变“物”的空间状态的重任，这种空间状态的改变是通过公路、铁路以及水路、航空、管道进行的。无论采用哪一种方式进行运输，都要遵守相应的法律法规。在我国，这方面的法律法规主要有《经济法》、《汽车货物运输规则》、《集装箱汽车运输规则》、《汽车危险货物运输规则》、《中华人民共和国铁路法》（以下简称《铁路法》）、《中华人民共和国海商法》（以下简称《海商法》）、《国内水路货物运输规则》、《中华人民共和国民用航空法》、《中国民用航空货物国内运输规则》等。作为从事物流运输的工作人员，学习好这些法律法规，对于提高运输服务质量具有至关重要的意义。

案例导入一

福建盛丰物流集团有限公司成立于 2001 年 12 月，仓储总面积 15 万平方米，自有车辆 779 部，年运力 200 万吨。公司通过 ISO9001:2000 质量管理体系认证，系全国道路货运二级物流企业、国家 AAAA 级综合型物流企业。该公司使用自有汽车进行运输，专门为工业产业集群和区域经贸提供综合物流服务。请思考物流企业使用自有汽车进行运输，应履行哪些义务和责任？

案例导入二

安泰物流有限公司是一家从事货物运输的物流企业，与吉林生辉制药厂签订了长期物流服务协议。2009 年 9 月 3 日，吉林生辉制药厂委托安泰物流有限公司运送一批药品，此时安泰物流有限公司自有汽车全部在途，只好向汽车租赁公司租赁一台货车为其运送药品。安泰物流有限公司租用他人汽车进行运输时，应承担怎样的义务和责任？

案例导入三

2009 年 10 月 8 日，长春市某商场古木源家具经销商销售出一批家具，并向顾客承诺 10 天以后到货。古木源家具总部在大连，于是长春市该经销商电告总部已销售的家具型号，总部委托中吉物流公司运货。中吉物流公司与辽宁汽车运输公司签订了长期汽车货物运输合同，中吉物流公司将货物委托辽宁汽车运输公司。辽宁汽车运输公司整合各物流公司的货物后，将长春方向货物装车，统一运输，家具按期到达长春市某商场古木源家具经销商手里，顾客按时拿到自己的商品。请考虑在此项物流活动中，中吉物流公司和辽宁汽车运输公司各自承担哪些义务和责任？

案例导入四

北京凯捷运通国际货运代理有限责任公司是一家综合性的国际货运代理公司，与多家航空公司签订了包机合同，立足于北京空港，借助广泛分布于世界 80 多个国家的 200 多家代理机构，把货运服务辐射到全球主要的机场和城市。主要项目有：①提供出口货物的接货、拼货。②代理报关、报检。③特殊货物重新包装。④货物实时跟踪查询。⑤为进出口货物提供仓储服务。⑥进出口货物门到门服务。该公司与航空公司签订包机合同进行运输时应履行什么义务和责任？

案例导入五

2009 年 11 月 6 日，大连某水产公司委托中铁物流快递公司向哈尔滨运输 10 箱海鲜产品。当日，中铁物流快递公司委托北方航空公司当日航班，将货物按期运到哈尔滨。在此活动中，中铁物流快递公司和北方航空公司应履行什么义务和责任？

案例导入六

上海铁洋多式联运有限公司（网址：http://www.tieyang.com）是由中国铁路集装箱运输有限公司、上海铁路集装箱运输公司和丹麦 A.P. 穆勒集团合资组建的。利用中国境内四通八达的铁路网路，将海运服务延伸到铁路沿线的各大中小城市；同时，也将内陆丰富的资源和产品，以一站式集装箱运输方式运送到世界各地。它的主要业务范围包括：国内和国际的集装箱多式联运服务，国内的综合运输方案和南非海运中国总代理。上海铁洋多式联运有限公司从事三种核心业务：海铁联运班列服务、空箱调运服务、铁路跨境运输服务。作为多式联运的经营人，上海铁洋多式联运有限公司应承担哪些义务和责任？

能力知识点1 明确物流企业进行公路货物运输时应履行的义务和责任

物流企业在组织货物运输时，常常要利用公路这种运输方式，既可以使用自有汽车，也可以租用他人汽车，还可以与汽车承运人签订汽车货物运输合同进行运输，无论采取哪种方式进行运输，都要受《汽车货物运输规则》、《集装箱汽车运输规则》、《中华人民共和国合同法》（以下简称《合同法》）等相关规定的约束。

一、使用自有汽车进行运输，物流企业应履行的义务和责任

使用自有汽车进行运输，物流企业应履行的义务和责任：

1）根据承运货物的需要，按货物的不同特性，提供技术状况良好、经济适用的车辆。运输特种货物的车辆和集装箱运输车辆，需配备符合运输要求的特殊装置或专用设备。

2）根据货物的情况，合理安排运输车辆，货物装载重量以车辆额定吨位为限。轻泡货物以折算重量装载，不得超过车辆额定吨位和有关长、宽、高的装载规定。

3）认真核对装车的货物名称、重量、件数是否与单据上记载相符，并检查包装是否完好。

4）合理选择运输路线，缩短运输时间，降低运输成本，并将运输路线告知托运人。运输路线发生变化应通知托运人，以便其对运输进行监督。

5）尽快运送，在合理的运输期限内将货物运达。

6）保证运输安全，对产生的货损货差负责。

7）在货物运抵前，应当及时通知收货人做好接货准备，及时将货物交给收货人。

二、租用他人汽车进行运输时，物流企业应承担的义务和责任

租用他人汽车进行运输时，物流企业作为承运人应承担的义务和责任与使用自有汽车进行运输、作为承运人应履行的义务和责任相同。而租用他人汽车进行运输时，物流企业作为承租人还应独自承担以下义务和责任：

1）在接收汽车时，应对租用的汽车进行检查，确认汽车技术状况良好，并要核对行驶证、道路运输证等证件是否齐全、有效。行车中应随车携带上述有关证件。

2）按照合同约定使用租用的汽车。租用的汽车只能在约定的地域或道路上载运约定种类的货物。如果物流企业以违背约定的方法使用租来的汽车，致使汽车受到损害时，出租人可以解除合同，并要求物流企业赔偿损失。

3）妥善保管租用的汽车。如果因保管不善致使汽车受到损害，物流企业要承担赔偿责任。

4）按照合同约定承担燃料的费用。

5）按照约定支付租金。在合理期限内仍不支付的，出租人可以解除合同。

6）未经出租人同意，不得将租用的汽车转租给他人。否则，出租人可以解除合同。

7）租用期限届满后，返还所租用的汽车。逾期不及时返还，要承担违约责任。

案例导入二中的安泰物流有限公司租用他人汽车进行运输时，应承担上述义务和责任。

三、与汽车承运人签订汽车货物运输合同进行运输时，物流企业应履行的义务和责任

在实际操作中，很多物流企业直接向汽车承运人托运货物，把货物运输交给专业的汽车承运人来完成，并作为托运人或托运人的代理人与之签订汽车货物运输合同。此时，物流企业作为托运人或托运人的代理人，托运货物的专业汽车公司作为承运人，它们各自的责任是不同的。

1. 物流企业应承担的义务和责任

1）托运货物的名称、性质、件数、质量、体积、包装方式等，应与运单记载的内容相符。

2）按照国家有关部门的规定需办理准运或审批、检验等手续的货物，托运时应将准运证或审批文件提交承运人，并随货物同行。如果委托承运人向收货人代递有关文件，应在运单中注明文件名称和份数。

3）在托运的货物中，不得夹带危险货物、贵重货物、鲜活货物和其他易腐货物、易污染货物、货币、有价证券以及政府禁止或限制运输的货物。

4）托运货物应按约定的方式进行包装。没有约定或者约定不明确的，可以协议补充；不能达成补充协议的，按照通用的方式包装；没有通用方式的，应在足以保证运输、搬运装卸作业安全和货物完好的原则下进行包装。依法应当执行特殊包装标准的，按照规定执行。

5）应根据货物性质和运输要求，按照国家规定，正确使用运输标志和包装储运图示标志。

6）托运特种货物（如冷藏货物、鲜活货物等）时，应按要求在运单中注明运输条件和特约事项。

7）货物包含需要照料的生物、植物、尖端精密产品、稀有珍贵物品、文物、军械弹药、有价证券、重要票证和货币时，必须派人押运。并且，应在运单上注明押运人员姓名及必要的情况。押运人员必须遵守运输和安全规定，并在运输过程中负责货物的照料、保管和交接；如发现货物出现异常情况，应及时作出处理，并告知车辆驾驶人。

8）托运人应该按照合同的约定支付运费。

案例导入三中的中吉物流公司应承担上述义务和责任。

2. 汽车承运人应承担的义务和责任

1）承运人应根据货物的需要和特性，提供适宜的车辆。要求提供的车辆应当技术状况良好、经济适用；对特种货物运输的，还应为特种货物提供配备了符合运输要求的特殊装置或专用设备的车辆。

2）承运人应按运送货物的情况，合理安排运输车辆。货物装载重量以车辆额定吨位为限，轻泡货物以折算重量装载，不得超过车辆额定吨位和有关长、宽、高的装载规定。

3）按照约定的运输路线进行运输。如果在起运前要改变运输路线，承运人应将此情况通知托运人，并按最终的路线运输。

4）在约定的运输期限内将货物运达。零担货物应按批准的班期时限运达，快件货物应

按规定的期限运达。

5）对货物的运输安全负责，保证货物在运输过程中不受损害。

案例导入三中的辽宁汽车运输公司应承担上述义务和责任。

四、明确物流企业进行公路货物运输时，违约时应负的责任

1. 作为托运人的物流企业（如案例导入三中的中吉物流公司）违约时应负的责任

1）托运人未按合同规定的时间和要求备好货物以及货物运达后无人收货或拒绝收货，使得承运人车辆放空、延滞或造成其他损失的，托运人应负赔偿责任。

2）由于托运人的下列过错，造成承运人、站场经营人、搬运装卸经营人的车辆、机械、设备等损坏、污染或人身伤亡以及因此而引起的第三方的损失，应负赔偿责任。具体过错有：①托运的货物中故意夹带危险货物或其他易腐蚀、易污染货物以及禁、限运货物等。②错报、匿报货物的重量、规格、性质。③货物包装不符合标准，包装、容器不良，而从外部无法发现。④错用包装、储运图示标志。

3）不如实填写运单，错报、误填货物名称或装卸地点，造成承运人错送、装货落空以及由此而引起的其他损失，应负赔偿责任。

2. 公路运输作为承运人的运输部门（如案例导入三中的辽宁汽车运输公司）违约时应负的责任

1）如果承运人未按运输期限将货物运达，应当承担违约责任；因承运人责任将货物错送或错交，可以要求其将货物无偿运到指定的地点交给指定的收货人。运输期限，是由双方共同约定的货物起运、到达目的地的具体时间。未约定运输期限的，从起运日起，按 200 千米为 1 日运距，用运输里程除以每日运距，计算运输期限。

2）如果承运人未遵守双方商定的运输条件或特约事项，由此造成托运人的损失，可要求其负赔偿责任。

3）货物在承运责任期间内，发生毁损或灭失，承运人应当负赔偿责任。承运责任期间是承运人自接受货物起至将货物交付收货人止，货物处于承运人掌管之下的全部时间。托运人还可以与承运人就货物在装车前和卸车后对承担的责任另外达成协议。

如果有下列情况之一，承运人举证后可不负赔偿责任（即免责事项）：

1）不可抗力。

2）货物本身的自然性质变化或者合理损耗。

3）包装的内在缺陷造成货物受损。

4）包装体外表面完好，而内装货物毁损或灭失。

5）托运人违反国家有关法令，致使货物被有关部门查扣、弃置或作其他处理。

6）由于押运人员的责任造成货物毁损或灭失。

7）由于托运人或收货人过错造成货物毁损或灭失。

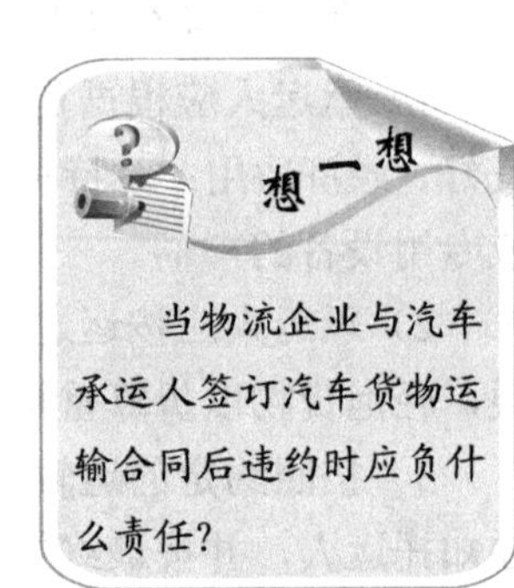

能力知识点 2　明确物流企业进行铁路货物运输时应履行的义务和责任

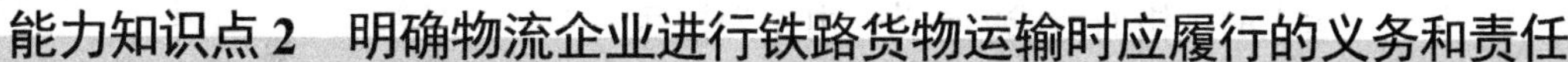

物流企业在组织货物运输时，常常要利用铁路这种运输方式，与铁路部门订立货物运输合同委托铁路部门进行运输。物流企业作为托运人和铁路部门作为承运人各自的责任和义务是不同的。

一、物流企业作为托运人，应履行的义务和责任

1）应当按照合同约定向铁路承运人提供运输的货物。

2）要如实申报货物的品名、重量和性质。

3）对货物进行包装，以适应运输安全的需要。对于包装不良的，铁路承运人有权要求其加以改善。如果拒不改善，或者改善后仍不符合运输包装要求，承运人有权拒绝承运。

4）托运零担货物，应在每一件货物两端各粘贴或钉固一个用坚韧材料制作的清晰明显的标记（货签），还应该根据货物的性质，按照国家标准，在货物包装上做好储运图示标志。

5）要按照规定支付运费。双方可以约定由托运人在货物发运前支付运费，也可以约定在到站后由收货人支付运费。但铁路运费通常都是由托运人在发运站承运货物当日支付。如果托运人不支付运费，铁路承运人可以不予承运。

二、铁路部门作为承运人，应承担的义务和责任

1）及时运送货物。铁路承运人应当按照铁路运输的要求，及时组织调度车辆，做到列车正点到达，并且承运人应当按照全国约定的期限或者国务院铁路主管部门规定的期限将货物运到目的站。

2）保证货物运输的安全，对承运的货物妥善处理。铁路承运人对于承运的容易腐烂的货物和活物，应当按照国务院铁路主管部门的规定和双方的约定，采取有效的保护措施。

3）货物运抵到站后，及时通知收货人领取货物，并将货物交付收货人。

三、铁路运输时，物流企业和铁路部门违约时应负的责任

1. 作为托运人的物流企业违约时应负的责任

1）由于物流企业错报或匿报货物的品名、重量、数量、性质而导致承运人的财产损失的，要承担赔偿责任。

2）由于物流企业对货物的真实情况申报不实，而使承运人少收取了运费，要补齐运费，并按规定另行支付一定的费用。

3）承担由于从外表无法发现货物包装上的缺陷，或者由于未按规定标明储运图示标志而造成的损失。

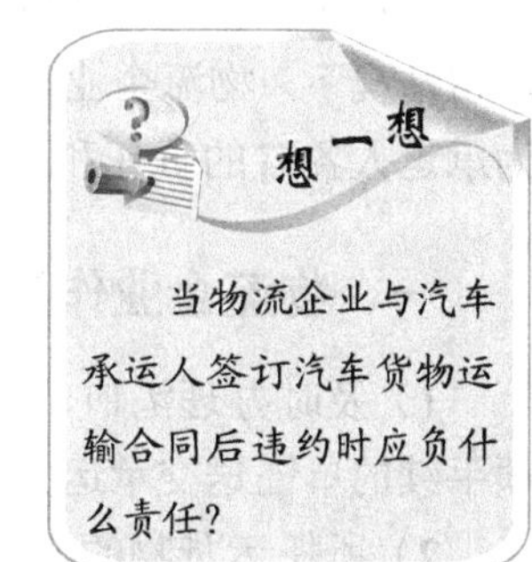

4）在物流企业负责装车的情况下，由于加固材料的不合格或在交接时无法发现的、由于违反装载规定而造成的损失，由物流企业承担责任。

5）由于押运人的过错而造成的损失，由作为托运人的物流企业承担责任。

2. 作为承运人的铁路部门违约时应负的责任

（1）货损责任：铁路承运人应当对承运的货物自接受承运时起到交付时止发生灭失、短少、变质、污染或者损坏的，承担赔偿责任。如果物流企业办理了保价运输，按照实际损失赔偿，但最高不超过保价额；如果未办理保价运输，按照实际损失赔偿，但最高不得超过国务院铁路主管部门规定的赔偿限额；如果损失是由于承运人的故意或者重大过失造成的，则不适用赔偿限额的规定，而是按照实际损失赔偿。

我国与俄罗斯、蒙古、朝鲜、越南等邻国的通商货物，相当大一部分是通过国际铁路运输的。由于我国是《国际铁路货物联运协定》的缔约国，在办理国际铁路货物运输时要遵守该公约的规定。由于跨越国境的原因，物流企业经常作为托运人与铁路承运人签订货物运输合同，由后者去完成运输。

（2）迟延交付的责任：承运人应当按照合同约定的期限或者国务院铁路主管部门规定的期限，将货物运到目的站；逾期运到的，承运人应当支付违约金。违约金的计算以运费为基础，按比例退还。对于超限货物、限速运行的货物、免费运输的货物以及货物全部灭失的情况，承运人不支付违约金。如果迟延交付货物造成收货人或托运人的经济损失，承运人应当赔偿所造成的经济损失。承运人逾期 30 日仍未将货物交付收货人的，托运人、收货人有权按货物灭失向承运人要求赔偿。

如果有下列情况之一，铁路承运人举证后可不负赔偿责任（即免责事项）：

1）不可抗力。

2）货物本身的自然属性，或者合理损耗。

3）托运人或者收货人的过错。

能力知识点 3　明确物流企业进行水路货物运输时应履行的义务和责任

物流企业在组织货物运输时，也经常采用水路运输，水路运输是一种重要的运输方式。通常情况下，物流企业与水路承运人签订运输合同进行运输。物流企业作为托运人和水路作为承运人各自的责任和义务是不同的。

一、物流企业作为托运人的义务和责任

1）及时办理港口、海关、检疫、公安和其他货物运输所需的各项手续，并将已办理各项手续的单证送交承运人。

2）所托运货物的名称、件数、重量、体积、包装方式、识别标志，应当与运输合同的

约定相符。

3）妥善包装货物，保证货物的包装符合国家规定的包装标准；没有包装标准的，货物的包装应当保证运输安全和货物质量。需要随附备用包装的货物，应当提供足够数量的备用包装，交给承运人随货免费运输。

4）在货物的外包装或者表面上正确制作识别标志和储运指示标志。识别标志和储运指示标志应当字迹清楚、牢固。

5）除另有约定外，应当预付运费。

6）当托运危险货物时，应当按照有关危险货物运输的规定，妥善包装，制作危险品标志和标签，并将其正式名称和危险性质以及必要时应当采取的预防措施书面通知承运人。未通知承运人或者通知有误的，承运人可以在任何时间、任何地点根据情况需要将危险货物卸下、销毁或者使之不能为害，而不承担赔偿责任。承运人知道危险货物的性质并已同意装运的，仍然可以在该项货物对于船舶、人员或者其他货物构成实际危险时，将货物卸下、销毁或者使之不能为害，而不承担赔偿责任。但是，这不影响共同海损的分摊。

7）除另有约定外，在运输过程中需要饲养、照料的活动物、植物，以及尖端保密物品、稀有珍贵物品和文物、有价证券、货币等，托运人需要申报并随船押运，并在运单内注明押运人员的姓名和证件。但是，押运其他货物须经承运人同意。

8）负责笨重、长大货物和舱面货物所需要的特殊加固、捆扎、烧焊、衬垫、苫盖物料和人工，卸船时要拆除和收回相关物料；需要改变船上装置的，货物卸船后应当负责恢复原状。

9）托运易腐货物和活动物、植物时，应当与承运人约定运到期限和运输要求；使用冷藏船（舱）装运易腐货物的，应当在订立运输合同时确定冷藏温度。

10）托运木（竹）排应当按照与承运人约定的数量、规格和技术要求进行编扎。在船舶或者其他水上浮物上加载货物，应当经承运人同意，并支付运输费用。在航行中，木（竹）排、船舶或者其他水上浮物上的人员（包括船员、排工及押运人员）应当听从承运人的指挥，配合承运人保证航行安全。

11）承担由于下列原因发生的洗舱费用：①提出变更合同约定的液体货物品种。②装运特殊液体货物（如航空汽油、煤油、变压器油、植物油等）需要的特殊洗舱。③装运特殊污秽油类（如煤焦油等）卸后需要的洗刷船舱。在承运人已履行船舶运货义务的情况下，因货物的性质或者携带虫害等情况，需要对船舱或者货物进行检疫、洗刷、熏蒸、消毒的，应当由托运人或者收货人负责，并承担船舶滞期费等有关费用。

二、水路承运人的义务和责任

1）使船舶处于适航状态，妥善配备船员、装备船舶和配备供应品，并使干货舱、冷藏舱、冷气舱和其他载货处所适于并能安全收受、载运和保管货物。

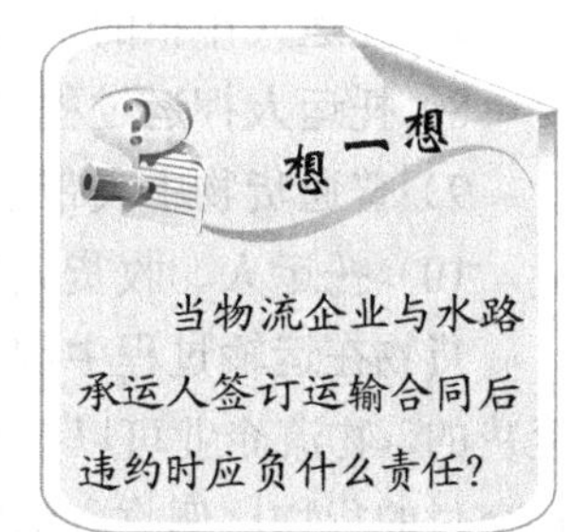

2）按照运输合同的约定接收货物。

3）妥善地装载、搬移、积载、运输、保管、照料和卸载所运货物。

4）按照约定、习惯或者地理上的航线将货物运送到约定的目的港。承运人为救助或者企图救助人命或者财产而发生的绕航或者其他合理绕航，不属于违反上述规定的行为。

5）在约定期间或者在没有这种约定时在合理期间内将货物安全运送到指定地点。

6）在货物运抵目的港后，向收货人发出到货通知，并将货物交给指定的收货人。

三、作为托运人的物流企业和作为承运人的水路部门违约时应负的责任

1. 作为托运人的物流企业违约时应负的责任

1）未按合同约定提供货物，应承担违约责任。

2）因办理各项手续和有关单证不及时、不完备或者不正确，造成承运人损失的，应当承担赔偿责任。

3）因托运货物的名称、件数、重量、体积、包装方式、识别标志与运输合同的约定不相符，造成承运人损失的，应当承担赔偿责任。

4）因未按约定托运危险货物给承运人造成损失的，应当承担赔偿责任。物流企业因不可抗力不能履行合同的，根据不可抗力的影响，部分或者全部免除责任。迟延履行后发生不可抗力的，不能免除责任。

2. 作为承运人的水路部门违约时应负的责任

承运人对运输合同履行过程中货物的损坏、灭失或者迟延交付承担损害赔偿责任。如果物流企业在托运货物时办理了保价运输，货物发生损坏、灭失，承运人应当按照货物的声明价值进行赔偿。但是，如果承运人证明货物的实际价值低于声明价值，则按照货物的实际价值赔偿。货物未能在约定或者合理期间内在约定地点交付的，为迟延交付。对由此造成的损失，承运人应当承担赔偿责任。承运人未能在上述期间届满的次日起 60 日内交付货物，可以认定货物已经灭失，承运人应承担损害赔偿责任。

如果有下列情况之一，承运人举证后可不负赔偿责任（即免责事项）：

1）不可抗力。

2）货物的自然属性和潜在缺陷。

3）货物的自然减量和合理损耗。

4）包装不符合要求。

5）包装完好，但货物与运单记载内容不符。

6）识别标志、储运指示标志不符合规则的规定。

7）托运人申报的货物重量不准确。

8）托运人押运过程中的过错。

9）普通货物中夹带危险、流质、易腐货物。

10）托运人、收货人的其他过错。

货物在运输过程中因不可抗力灭失，未收取运费的，承运人不得要求支付运费；已收取运费的，物流企业可以要求返还。货物在运输过程中因不可抗力部分灭失的，承运人按照实际交付的货物比例收取运费。

能力知识点4　明确物流企业进行航空货物运输时应履行的义务和责任

对物流企业来说，航空运输也是一种重要的运输方式。在实践中，物流企业大多通过与航空公司签订包机合同或航空货物运输合同来完成货物运输。在我国，航空货物运输要受《民用航空法》、《中国民用航空货物国内运输规则》和《合同法》的约束。

一、物流企业与航空公司签订包机合同进行运输时应履行的义务和责任

1. 物流企业（如案例导入四中的北京凯捷运通国际货运代理有限责任公司）作为包机人应履行的义务和责任

1）提供包机合同中约定的货物，并对货物进行妥善的包装。

2）按照约定支付费用。

2. 航空公司作为出租人应承担的义务和责任

1）按照合同约定提供适宜货物运输的飞机或舱位。

2）按照合同约定的期限将货物运到目的地。

3）保证货物运输的安全。

二、物流企业通过签订航空货物运输合同进行运输时应履行的义务和责任

1. 物流企业（如案例导入五中的中铁物流快递公司）作为托运人应承担的义务和责任

1）应当按照航空货物运输合同的约定提供货物。

2）应对货物按照国家主管部门规定的包装标准进行包装，如果没有上述包装标准，则应按照货物的性质和承载飞机的条件，根据保证运输安全的原则，对货物进行包装。如果不符合上述包装要求，承运人有权拒绝承运。托运人必须在托运的货件上标明出发站、到达站以及托运人、收货人的单位、姓名和地址，并按照国家规定标明包装储运指示标志。

3）要及时支付运费。除非托运人与承运人有不同的约定，运费应当在承运人开具航空货运单时一次付清。

4）如实申报货物的品名、重量和数量。

5）要遵守国家有关货运安全的规定，妥善托运危险货物，并按国家关于危险货物的规定对其进行包装。不得以普通货物的名义托运危险货物，也不得在普通货物中夹带危险品。

6）应当提供必需的资料和文件，以便在货物交付收货人前完成法律、行政法规规定的有关手续。

2. 航空公司（如案例导入五中的北方航空公司）作为承运人应承担的义务和责任

1）按照航空货运单上填明的地点，在约定的期限内将货物运抵目的地。

2）按照合理或经济的原则选择运输路线，避免货物的迂回运输。

3）对承运的货物应当精心组织装卸作业，轻拿轻放，严格按照货物包装上的储运指示标志作业，防止货物损坏。

4）保证货物运输安全。

5）按货运单向收货人交付货物。

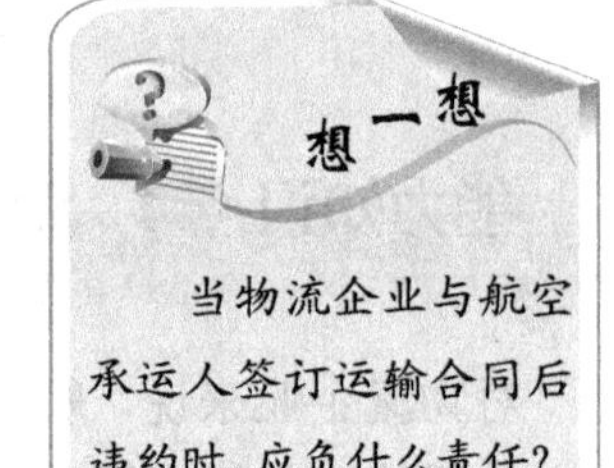

当物流企业与航空承运人签订运输合同后违约时，应负什么责任？

三、明确物流企业和航空部门违约时应负的责任

1. 作为托运人的物流企业（如案例导入五中的中铁物流快递公司）违约时应负的责任

1）因在托运货物内夹带、匿报危险物品，错报笨重货物重量或违反包装标准和规定而造成承运人或第三人的损失，须承担赔偿责任。

2）因没有提供必需的资料、文件，或者提供的资料、文件不充足或者不符合规定而造成的损失。除由于承运人或者其受雇人、代理人的过错造成的外，应当对承运人承担责任。

3）未按时缴纳运输费用的，应承担违约责任。

2. 作为承运人的航空部门（如案例导入五中的北方航空公司）违约时应负的责任

1）因发生在航空运输期间的事件，造成货物毁灭、遗失或者损坏的，承运人应当承担责任。

2）在货物运输中，经承运人证明，损失是由索赔人或者代行权利人的过错造成或者促成的，应当根据造成或者促成此种损失的过错程度，相应免除或者减轻承运人的责任。

3）货物在航空运输中因延误造成的损失，承运人应当承担责任；但是，承运人证明本人或者其受雇人、代理人为了避免损失的发生，已经采取一切必要措施或者不可能采取任何措施的，不承担责任。

在国际航空货物运输方面，我国加入了《统一国际航空运输规则的公约》（通称《华沙公约》）及《海牙议定书》。我国《航空法》中对国际航空货物运输的部分事项也作了特别规定。中国民航总局还于 2000 年发布并实施了《中国民用航空货物国际运输规则》，专门对国际航空货物运输中的相关问题作出了特殊规定。

如果有下列情况之一，承运人举证后可不负赔偿责任（即免责事项）：

1）货物本身的自然属性、质量或者缺陷。

2）承运人或者其受雇人、代理人以外的人负责包装货物，货物包装不良的。

3）战争或者武装冲突。

4）政府有关部门实施的与货物入境、出境或者过境有关的行为。

能力知识点 5　了解多式联运，明确当事人的义务和责任

多式联运是指把两种或两种以上的运输方式结合起来，实行多环节、多区段相互衔接的一种接力式运输方式，是一种综合的运输方式。对物流企业来说，选择多式联运的方式来运

送货物可以缩短运输时间，保证货运质量，节省运输费用，实现真正的运输合理化。我国的《海商法》和《合同法》对多式联运的相关事项作了规定。1997年，中华人民共和国交通运输部和中华人民共和国铁道部还联合颁布了《国际集装箱多式联运管理规则》，专门对集装箱多式联运的有关问题作出了规定。

在国际货物多式联运领域内，较有影响的国际公约主要有三个：1980年《联合国国际货物多式联运公约》、1973年《联运单证统一规则》、1991年《多式联运单证规则》。但是，第一个公约至今尚未生效，而后两个则是民间规则，而非强制性的公约，仅供当事人选择适用。

一、物流企业作为托运人应尽到的义务和责任

1）按照合同约定的货物种类、数量、时间、地点提供货物，并交付给多式联运经营人。

2）认真填写多式联运单据的基本内容，并对其正确性负责。

3）按照货物运输的要求妥善包装货物。

4）按照约定支付各种运输费用。

二、作为多式联运经营人（如案例导入六中的上海铁洋多式联运有限公司）应尽到的义务和责任

1）及时提供适合装载货物的运输工具。

2）按照规定的运达期间，及时将货物运至目的地。

3）在货物运输的责任期间内安全运输。

4）在托运人或收货人按约定缴付了各项费用后，向收货人交付货物。

5）对全程运输承担责任。

活动建议

到物流货运公司看一看承运方如何与货主签订运输合同。

知识拓展　关于多式联运的更多问题

一、多式联运的国际、国内定义

《联合国国际货物多式联运公约》对国际多式联运的定义是：按照多式联运合同，以至少两种不同的运输方式，由多式联运经营人把货物从一国境内接运货物的地点运至另一国境内指定交付货物的地点。

《中华人民共和国海商法》对于国内多式联运的规定是，必须有种方式是海运。

二、多式联运合同

《海商法》所称的多式联运合同，是指多式联运经营人以两种以上的不同运输方式，其中一种是海上运输方式，负责将货物从接收地运至目的地交付收货人，并收取全程运费的合同。多式联运是在集装箱运输的基础上发展起来的，这种运输方式并没有新的通道和工具，

而是利用现代化的组织手段，将各种单一运输方式有机地结合起来，打破了各个运输区域的界限，是现代管理在运输业中运用的结果。

多式联运合同具有以下特点：

1）它必须包括两种以上的运输方式，而且其中必须有海上运输方式。在我国，由于国际海上运输与沿海运输、内河运输分别适用不同的法律，所以国际海上运输与国内沿海、内河运输可以视为不同的运输方式。

2）多式联运虽涉及两种以上不同的运输方式，但托运人只和多式联运经营人订立一份合同，只从多式联运经营人处取得一种多式联运单证，只向多式联运经营人按一种费率交纳运费。这就避免了单一运输方式多程运输手续多、易出错的缺点，为货主确定运输成本和货物在途时间提供了方便。

三、国际多式联运的运输组织形式

国际多式联运是采用两种或两种以上不同运输方式进行联运的运输组织形式。这里所指的至少两种运输方式可以是海陆、陆空、海空等。这与一般的海海、陆陆、空空等形式的联运有着本质的区别。后者虽然也是联运，但仍是同一种运输工具之间的运输方式。众所周知，各种运输方式均有自身的优点与不足。一般来说，水路运输具有运量大，成本低的优点；公路运输则具有机动灵活，便于实现货物门到门运输的特点，铁路运输的主要优点是不受气候影响，可深入内陆和横贯内陆实现货物长距离的准时运输；而航空运输的主要优点是可实现货物的快速运输。由于国际多式联运严格规定必须采用两种或两种以上的运输方式进行联运，因此这种运输组织形式可综合利用各种运输方式的优点，充分体现社会化大生产、大交通的特点。

由于国际多式联运具有其他运输组织形式无可比拟的优越性，因而这种国际运输新技术已在世界各主要国家和地区得到广泛的推广和应用。目前，有代表性的国际多式联运主要有远东/欧洲、远东/北美等海陆空联运，其组织形式包括以下几种。

1. 海陆联运

海陆联运是国际多式联运的主要组织形式，也是远东/欧洲多式联运的主要组织形式之一。目前组织和经营远东/欧洲海陆联运业务的主要有班轮公会的三联集团、北荷、冠航和丹麦的马士基等国际航运公司，以及非班轮公会的中国远洋运输公司、中国台湾长荣航运公司和德国那亚航运公司等。这种组织形式以航运公司为主体，签发联运提单，与航线两端的内陆运输部门开展联运业务，与陆桥运输展开竞争。

2. 陆桥运输

在国际多式联运中，陆桥运输（Land Bridge Service）起着非常重要的作用。它是远东/欧洲国际多式联运的主要形式之一。所谓陆桥运输，是指采用集装箱专用列车或卡车，把横贯大陆的铁路或公路作为中间“桥梁”，使大陆两端的集装箱海运航线与专用列车或卡车连接起来的一种连贯运输方式。严格地讲，陆桥运输也是一种海陆联运形式。只是因为其在国际多式联运中的独特地位，故在此将其单独作为一种运输组织形式。

3. 海空联运

海空联运又被称为空桥运输（Airbridge Service）。在运输组织方式上，空桥运输与陆桥运输有所不同：陆桥运输在整个货运过程中使用的是同一个集装箱，不用换装，而空桥运输的货物通常要在航空港换入航空集装箱。不过两者的目标是一致的，即以低费率提供快捷、可靠的运输服务。

海空联运方式始于20世纪60年代，但到20世纪80年代才得以较大的发展。采用这种运输方式，运输时间比全程海运少，运输费用比全程空运便宜。20世纪60年代，将远东船运至美国西海岸的货物，再通过航空运至美国内陆地区或美国东海岸，从而出现了海空联运。当然，这种联运组织形式是以海运为主的，只是最终交货运输区段由空运承担。1960年底，苏联航空公司开辟了经由西伯利亚至欧洲的航线；1968年，加拿大航空公司参加了国际多式联运；20世纪80年代，出现了经由中国香港、新加坡、泰国等至欧洲的航线。目前，国际海空联运线主要有：

（1）远东/欧洲：目前，远东与欧洲间的航线有以温哥华、西雅图、洛杉矶为中转地的，也有以香港、曼谷、海参崴为中转地的。此外，还有以旧金山、新加坡为中转地的。

（2）远东/中南美：近年来，远东至中南美的海空联运发展较快，因为此处港口和内陆运输不稳定，所以对海空运输的需求很大。该联运线以迈阿密、洛杉矶、温哥华为中转地。

（3）远东/中近东、非洲、澳洲：这是以香港、曼谷为中转地至中近东、非洲的运输服务。在特殊情况下，还有经马赛至非洲、经曼谷至印度、经香港至澳洲等联运线，但这些线路货运量较小。

总的来讲，运输距离越远，采用海空联运的优越性就越大，因为同完全采用海运相比，其运输时间更短；同直接采用空运相比，其费率更低。因此，从远东出发将欧洲、中南美以及非洲作为海空联运的主要市场是合适的。

四、多式联运的分类

根据不同的原则，对多式联运可以有多种分类形式。但就其组织方式和体制来说，基本上可分为协作式多式联运和衔接式多式联运两大类。

1. 协作式多式联运

协作式多式联运是指两种或两种以上运输方式的运输企业，按照统一的规章或商定的协议，共同将货物从接管货物的地点运到指定交付货物的地点的运输。

协作式多式联运是目前国内货物联运的基本形式。在协作式多式联运下，参与联运的承运人均可受理托运人的托运申请，接收货物，签署全程运输单据，并负责自己区段的运输生产；后续承运人除负责自己区段的运输生产外，还需要承担运输衔接工作；最后承运人则需要承担货物交付工作以及受理收货人的货损货差索赔。在这种体制下，参与联运的每个承运人均具有双重身份。对外而言，它们是共同承运人，其中一个承运人（或代表所有承运人的联运机构）与托运人订立运输合同，对其他承运人均有约束力，即视为每个承运人均与托运人存在运输合同关系；对内而言，每个承运人不但有义务完成自己区段的实际运输和有关的货运组织工作，还应根据规章或约定协议，承担风险，分配利益。

目前，根据开展联运依据的不同，协作式多式联运可进一步细分为法定（多式）联运和协议（多式）联运两种。

（1）法定（多式）联运：是指不同运输方式的运输企业之间根据国家运输主管部门颁布的规章开展的多式联运。目前，铁路、水路运输企业之间根据中华人民共和国铁道部、中华人民共和国交通运输部共同颁布的《铁路水路货物联运规则》开展的水陆联运即属此种联运。在这种联运形式下，有关运输票据、联运范围、联运受理的条件与程序、运输衔接、货物交付、货物索赔程序以及承运之间的费用清算等，均应符合国家颁布的有关规章的规定，并实行计划运输。

这种联运形式无疑有利于保护托运人的权利，保证联运生产的顺利进行，但缺点是灵活性较差，适用范围较窄，在联运方式上仅适用于铁路与水路两种运输方式之间的联运，而且对联运路线、货物种类、数量及受理地、换装地也有限制。此外，由于托运人托运前需要报批运输计划，这给托运人带来了一定的不便。法定（多式）联运通常适用于保证指令性计划物资、重点物资和国防、抢险、救灾等急需物资的调拨。

（2）协议（多式）联运：是指运输企业之间根据商定的协议开展的多式联运。例如，不同运输方式的干线运输企业与支线运输或短途运输企业，根据所签署的联运协议开展的多式联运，即属此种联运。

与法定（多式）联运不同，在这种联运形式下，联运采用的运输方式、运输票据、联运范围、联运受理的条件与程序、运输衔接、货物交付、货物索赔程序以及承运人之间的利益分配与风险承担等，均按联运协议的规定办理。与法定（多式）联运相比，该联运形式的最大缺点是联运执行缺乏权威性，而且联运协议的条款也可能会损害托运人或弱小承运人的利益。

2. 衔接式多式联运

衔接式多式联运是指由一个多式联运企业（即多式联运经营人）综合组织两种或两种以上运输方式的运输企业，将货物从接管货物的地点运到指定交付货物地点的运输。在实践中，多式联运经营人既可能由不拥有任何运输工具的国际货运代理、场站经营人、仓储经营人担任，也可能由从事某一区段的实际承运人担任。但无论如何，它都必须持有国家有关主管部门核准的许可证书，能独立承担责任。

在衔接式多式联运下，运输组织工作与实际运输生产实现了分离，多式联运经营人负责全程运输组织工作，各区段的实际承运人负责实际运输生产。在这种联运形式下，多式联运经营人具有双重身份。对于托运人而言，它是全程承运人，与托运人订立全程运输合同，向托运人收取全程运费及其他费用，并承担承运人的义务；对于各区段实际承运人而言，它是托运人，它与各区段实际承运人订立分运合同，向实际承运人支付运费及其他必要的费用。很明显，这种运输组织与运输生产相互分离的形式，符合分工专业化的原则，由多式联运经营人“一手托两家”，不但方便了托运人和实际承运人，也有利于运输的衔接工作。因此，衔接式多式联运是联运的主要形式。在国内联运中，衔接式多式联运通常被称为联合运输，多式联运经营人则被称为联运公司。我国在《合同法》颁布之前，仅对包括海上运输方式在内的国际多式联运经营人的权利与义务，在《海商法》和《国际集装箱多式联运规则》中做了相应的规定，对于其他形式下国际多式联运经营人和国内多式联运经营人的法律地位与责任，并未做出明确的法律规定。《合同法》颁布后，无论是国内多式联运经营人的权利与义务还是国际多式联运经营人的权利与义务，均应符合《合同法》的规定，这无疑有利于我国多式联运业的发展壮大。

第三单元　仓储法律法规

3

本单元学习导引图

仓储法律法规

- **掌握仓储实务**
  - 了解仓储及物流企业在仓储活动中的法律地位
  - 理解保管合同的含义、效力
- **熟悉仓储合同**
  - 熟悉仓储合同的概念、订立和内容
  - 掌握仓单的概念和相关内容
  - 了解仓储合同的效力

学习目标

通过本单元的学习，了解仓储的概念、类型，认识物流企业在仓储活动中的法律地位，理解保管合同的含义、效力，熟悉仓储合同的概念、订立和内容，掌握仓单的概念和相关内容，明确仓储合同的效力。

综合知识模块一

掌握仓储实务

为了保证社会再生产的顺利进行，满足一定时间内社会生产和消费的需要，必须存储一定量的物资。仓储就是通过仓库对商品进行储存和保管。进行仓储活动的主体设施是仓库，传统仓库的主要功能是防止物品的丢失和损伤，而现代仓库的仓储功能从重视保管效率逐渐演变为重视如何才能顺利地发货和配送，加快仓储商品周转，以提高物流的时间效用。在物流过程中，仓储承担了改变“物”的时间状态的重任。它与运输形成了物流过程的两大支柱，是物流系统的中心环节，其核心目标是提高仓库的运作效率和生产率。尽管理论上零库存是物流的理想状态，但在现实情况下，在物流及供应链中，仓储仍是十分重要的环节，仓储保管工作质量的好坏，直接影响着物流系统的经济效益。

案例导入

小张和小李是一对年轻的夫妻，妻子小李有一个日记本，婚前小张就想看看这个日记本，但从来没有看到，于是心里耿耿于怀！这个日记本到底都记了些什么内容呢？对于小张来说这是一个谜团。某日，妻子小李在本市某银行开设了一个私人保险箱，并把这个日记本寄存到里面。时间不长，小张知道小李在本市某银行的保险箱，出于好奇，通过银行的朋友打开了保险箱，终于看到了这个“神秘”的日记本。原来细心的妻子把丈夫在恋爱期间对她的甜言蜜语和海誓山盟都一一记录了下来。丈夫小张这么做对吗？银行可以在不经过本人同意的情况下，打开保险箱吗？

能力知识点1　了解仓储及物流企业在仓储活动中的法律地位

一、仓储及仓储活动

仓储，即物品在仓库中的储存，是仓库储存和保管的简称。储存就是保护、管理和储藏物品；保管就是对物品进行保存和对数量、质量进行控制的活动。

仓储活动是一项商业活动，不仅包括物品在一般的空间中的储藏与保管，也包括物品在其他一系列设施和场地中的储存；它也是一项物流活动，仓储活动从接收储存物品开始，经过储存保管作业，直到把货物完好地发放出去的全部活动过程，其中包括存货管理和各项作业活动。

二、仓储的类型

（1）自营仓储：自营仓储是指物品的仓储业务由本企业自己来经营或管理的一种仓储形式，可分为自有仓储和租赁仓储两种形式。

（2）公共仓储：公共仓储是指企业委托提供营业性服务的公共仓库储存物品的一种仓储方式。它是一种专门从事经营管理的、面向社会的、独立于其他企业的仓库。企业不是仓库的所有人或经营人，而是存货人，公共仓库企业为保管人，双方的权利和义务按有关仓储合同方面的法规确定。

（3）合同仓储：又称为第三方仓储，是指企业将仓储作为物流活动的一部分转包给外部公司，由外部公司为企业提供综合物流服务的仓储方式。

三、物流企业在仓储活动中的法律地位

（1）为客户提供仓储服务：此时物流企业为专门从事营业性服务的公共仓库，与客户签订的是仓储合同，双方是仓储合同法律关系，物流企业为保管人，客户为存货人，双方的权利和义务按有关仓储合同方面的法律规范确定。

（2）为客户提供包含仓储在内的综合物流服务：此时物流企业为综合性物流企业，或者

具有两项（包括仓储）以上的物流服务功能，与客户签订的是物流服务合同，而不是单纯的仓储合同，物流企业是物流服务提供者，客户是物流服务需求者，双方的权利和义务按物流服务合同双方当事人的关系予以确定。

仓储活动是在什么条件下产生的？

（3）以存货人的身份出现：当物流企业没有仓储设备或虽有仓储设备但库存空间不足时，在与客户签订含有仓储服务的物流服务合同后，通常又会与仓库经营人签订仓储合同，以解决库存空间不足的问题，此时物流企业作为存货人，仓库经营人作为保管人，双方当事人的权利和义务依据仓储合同法律关系确定。

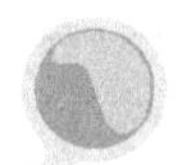

能力知识点2　理解保管合同的含义、效力

保管合同又称寄托合同，是指保管人保管寄存人交付的物品，并按约定期限或者应寄存人的请求返还保管物的合同。保管物品的一方为保管人，或称受寄托人，其所保管的物品为保管物；交付物品保管的一方为寄存人，或称寄托人。

一、保管合同的法律特征

保管合同的索赔：寄存财物被丢失或毁损的诉讼时效为1年。保管人的报酬请求权、费用偿还请求权及损害赔偿请求权的诉讼时效也为1年，均自合同终止时算起。

1）保管合同是实践合同。保管合同自寄存人将物品交付给保管人时成立。案例导入中，小李在将日记本交付给银行时，二者的保管合同即刻成立。银行即为保管人，小李即为寄存人。

2）保管合同以物品的保管为目的。保管人只应保持物品的原状，不得对物品进行利用或有改良行为。

3）保管合同可以是无偿的，也可以是有偿的，由双方当事人约定。

保管合同中，保管人和寄存人应承担的义务和责任是不一样的。

大约在5 000多年前，母系氏族的原始社会里就出现了“窖穴库”、“仓廪”。那时，“仓”是指专门用来储藏谷物的场所，而“廪”则是指专门藏米的地方。在西安半坡村的仰韶遗址可以看到仓库的雏形。西汉时建立的“常平仓”是我国历史上最早的、由国家经营的仓库。

二、保管人应承担的义务和责任

（1）保管义务：保管人对保管标的物在保管期间负有全权责任，不得擅自将保管义务转嫁委托他人或改变保管场所，不得擅自使用或者允许第三人使用保管物。

（2）返还保管物的义务：保管期间届满或者寄存人提前领取保管物的，保管人应当将原物及其孳息归还寄存人。

（3）通知（告知）义务：在保管期间内遇到意外情况，保管人应将有关情况迅速通知寄存人。

（4）交付保管凭证的义务：在保管合同成立时，保管人负有交付保管凭证的义务。

（5）损害赔偿：保管期间内，若发生保管物的毁损灭失，应根据情况承担相应的责任。

以上就是案例导入中银行应承担的义务和责任，在没有征得小李同意、没有小李的任何证件等情况下打开小李的保险箱，银行是失职的，要负全责。

三、寄存人应承担的义务和责任

1）支付报酬义务。

2）负担必要费用的义务。必要费用以维持保管物原状为准，如重新包装、防腐防虫等项费用。寄存人拒绝偿付必要费用时，保管人也可就保管物行使留置权。

3）风险负担。如果保管物的毁损、灭失是由于不可抗力的原因，此项风险则应由寄存人负担。

4）损害赔偿。寄存人因过错未告知保管物瑕疵或者特殊保管要求，致使保管物受损害的，责任由寄存人承担。

想一想

仓储在现代物流体系中的作用。

以上就是案例导入中小李应承担的义务和责任，在没有征得小李同意、没有小李的任何证件等情况下，银行打开小李的保险箱，小李完全可以利用法律的武器控告银行和她的丈夫。

活动建议

参观一个具有一定规模的仓库。

综合知识模块二

熟悉仓储合同

随着商品经济的发展、市场分工的深化，专门从事仓储服务的企业越来越多。在实际仓储服务工作中，经常出现存货方与保管方之间的矛盾纠纷。而仓储合同的法律适用，就是仓储活动中发生争议时所用来解决双方纠纷的法律，它按照《合同法》适用的一般规则，将各自的责任加以明确。在进行实际的物流仓储活动中，必须填写仓单、签订仓储合同，确保责任明确。仓储合同是双方当事人约定一方接受报酬而为他方提供仓储保管服务的合同。作为接受报酬、提供仓储服务的物流工作人员，必须明确掌握仓储合同，了解其内涵，履行其义务，这对于提高仓储服务质量具有至关重要的意义。

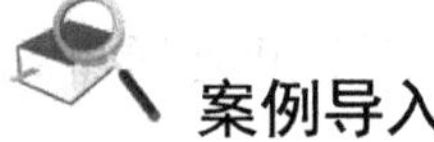

案例导入

小麦仓储保管合同纠纷案

2004年6月3日，某市盛达粮油进出口有限责任公司（以下称盛达公司）与该市东方储运公司签订了一份仓储保管合同。合同主要约定：由东方储运公司为盛达公司储存保管小麦60万公斤，保管期限自2004年7月10日至11月10日，储存费用为50 000元，任何一方违约，均按储存费用的20%支付违约金。合同签订后，东方储运公司即开始清理其仓库，并拒绝其他有关部门在该仓库存货的要求。同年7月8日，盛达公司书面通知东方储运公司：因收购的小麦尚不足10万公斤，故不需存放贵公司仓库，双方于6月3日所签订的仓储合同终止履行，请谅解。东方储运公司接到盛达公司书面通知后，遂电告盛达公司：同意仓储合同终止履行，但贵公司应当按合同约定支付违约金10 000元。盛达公司拒绝支付违约金，双方因此而形成纠纷，东方储运公司于2004年11月21日向人民法院提起诉讼，请求判令盛达公司支付违约金10 000元。

能力知识点1　熟悉仓储合同的概念、订立和内容

一、仓储合同的概念

仓储合同是指保管人储存存货人交付的仓储物，存货人支付仓储费的合同。存货人就是仓储服务的需求者，保管人就是仓储服务的提供者，仓储物就是存货人交由保管人进行储存的物品，仓储费就是保管人向存货人提供仓储服务取得的报酬。在实际生活中，仓储合同往往是格式合同，经营公共仓库的保管人为了与多数存货人订立仓储合同，通常事先拟定并印制了大部分条款，如存货单、入库单、仓单等，在实际订立仓储合同时，再将双方通过协商议定的内容填进去从而形成仓储合同关系，而不另行签订独立的仓储合同。

二、仓储合同的订立

仓储合同的订立，要经过要约和承诺两个阶段。仓储合同的要约既可以由保管人根据自己的仓储能力发出，也可以由存货人根据自己的委托存储计划发出。由于仓储合同是诺成合同，因而一方发出要约，经双方协商，对方当事人承诺后，仓储合同即告成立。

三、仓储合同的内容

在仓储合同中，要明确保管人和存货人双方的权利和义务关系，将它们体现在合同的条款上。仓储合同主要包括以下条款：

1）应订明货物储存库场的种类。

2）仓储物的存储期间、保管要求和保管条件。

3）保管人、存货人的名称或者姓名和住所。

4）仓储物的品名、品种、规格。

5）仓储物的数量、质量、包装、件数和标记。

6）仓储物验收的项目、标准、方法、期限和相关材料。

7）仓储物进出库手续、时间、地点和运输方式。

8）仓储物的损耗标准和损耗处理。

9）计费项目、标准和结算方式、银行账号。

10）合同的有效期。

11）责任划分和违约责任条款。

12）合同变更、解除的程序和期限。

四、签订仓储合同时注意的陷阱及防范措施

1. 主体方面

陷阱：保管人简写或没有保管资格。

防范：核实保管人是否有保管资格，实际保管人与保管人是否一致，防止储存仓储物被骗走。

2. 储存仓储物的品名、品种、规格、数量、质量和包装方面

陷阱：只填写储存仓储物名称，其他不填。

防范：应详细、具体地填写储存仓储物的品名、品种、规格、数量、质量和包装等。这关系到因保管不当或因其他保管事由而产生的索赔。

3. 仓储物验收内容、标准、方法、时间和资料方面

陷阱：不填或漏填验收内容、标准、方法、时间和资料。

防范：①要逐项认真填写存、取仓储物的验收方面内容。草率或没有订明以何标准、用何方法、在多长时间内与哪些资料、数据相符的，保管责任不宜分清，索赔困难。②要注意写明仓储物的验收期限，验收时间与仓储物实际入库时间应尽量缩短，对易发生变质的仓储物，更应注意验收时间（按照《仓储保管合同实施细则》规定，国内仓储物的验收不超过 10 天，国外仓储物不超过 30 天，法律或合同另有规定的除外）。必须注明超过验收时间所造成的实际损失，由保管人负责。仓储物验收期限，是自仓储物和验收资料全部送达保管人之日起，至验收报告送出之日止，日期均以运输或邮政部门的戳记或直接送达的签收日期为准。③要写明保管人应按合同规定的品名、规格、数量、外包装状况、质量对入库仓储物进行验收。如果发现入库仓储物与合同规定不符，应在约定的时间内通知存货人。保管人验收后，如果发生仓储物品种、数量、质量不符合合同规定时，保管人应承担赔偿责任。

4. 仓储物入库手续、出库手续、时间、地点和运输方式方面

陷阱：不填入、出库手续和运输方式。

防范：①要将入库手续、出库手续、时间、地点、运输方式写全、写清，这关系到风

险责任的承担。另外，有运费时还应写明运费由谁承担。②合同中要注意明确仓储物的出入库手续的办理方法，确立仓储物的入库时间，双方当事人必须办理签收手续，在没有存货人在场的情况下，仓储物的出库应当与存货人原指定的第三者办理，不能直接与仓储物的买方办理。另外，仓储物在出库后，原合同约定由保管人代为发运的，合同条款中必须明确仓储物的运输方式，是公路运输还是铁路、水路运输，抑或是所有运输方式都可以，要规定清楚。如果因合同规定不明确而造成的仓储物迟延到达，其责任由合同双方承担。合同规定了发运方式后，还必须规定送达目的地的时间，否则，所引起的纠纷双方均应承担责任。

5. 仓储物的损耗标准和损耗处理方面

陷阱：不填写损耗或不实写损耗。

防范：①如实正确填写损耗。不填或少填，保管人赔偿责任重；多填，存货人损失大；少填或多填也容易出现纠纷。②合同中要订明仓储物在储存期间、运输过程中的损耗和磅差标准的执行原则。有国家或专业标准的，按国家或专业标准规定执行；没有国家或专业标准的，可以商定在保证运输和存储安全的前提下由双方作出规定。

目前，仓储物损耗的标准规定有：《商业仓库管理暂行条例》、《国家粮油仓库管理办法》、《百货文化用品、商品运输保管定额损耗管理试行办法》等。

6. 包装条款方面

陷阱：包装条款方面不写或填写不明。

防范：①合同中要明确仓储物的包装条款，如包装仓储物必须明确由存货人负责。因为保管人不负有对仓储物包装的义务，只负有对仓储物的包装储存的义务，所以必须明确。②必须明确包装的各种具体要求，如包装物的外层包装用料，内层包装要求；易碎、易腐物品或危险物品的包装要求等要有具体规定。根据《仓储保管合同实施细则》规定，仓储物包装，有国家标准或专业标准的，按国家或专业标准执行；没有国家标准或专业标准的，在保证运输和储存安全的条件下，按合同规定执行。因此，在缺少包装标准的情况下，合同应根据实际情况约定包装执行的标准。

7. 保管条件与要求方面

陷阱：不写明或不写保管条件与要求方面。

防范：仓储物的储存条件和储存要求必须在合同中明确作出规定，需要在冷冻库里储存或是在高温、高压下储存的，都应通过合同订明。特别是对易燃、易爆、易渗漏、易腐烂、有毒等危险物品的储存要明确操作要求、储存条件和方法。原则上，有国家规定操作程序的，按国家规定执行；没有国家规定的，按合同约定储存。

8. 计费项目、标准和结算方式方面

陷阱：不写清结算事项。

防范：写清结算方式和结算时间、数额，若是分期结算，还要将每期的结算额写清，结算时间要写期日。

9. 违约责任方面

陷阱：少填违约责任，明显或潜在地填写违约责任的附加条件。

防范：详细、明确地填写违约责任，剔除违约责任的附加条件。

10. 变更和解除合同的期限方面

陷阱：不填写变更和解除合同的期限方面。

防范：认真填写变更和解除合同期限的时间要求，选择权威、公正的机构出具材料。

11. 争议的解决方式方面

陷阱：不填或只填协商解决。

防范：选择便利、公正的纠纷解决机关、方式和地域管辖。

12. 仓储物商检、验收、包装、保险和运输等其他约定事项方面

陷阱：不填写仓储物商检、验收、包装、保险和运输等其他约定事项方面。

防范：若是进出口仓储物仓储，一定要逐项认真填写，不然，风险责任和储存责任不宜分清。

13. 签字盖章方面

陷阱：只签字，不盖章。

防范：要求对方盖章，并核实盖章单位与保管人是否一致。

五、仓储合同与保管合同的区别与联系

1. 仓储合同与保管合同的区别

1）仓储合同是有偿合同，保管合同既可以是有偿合同也可以是无偿合同。

2）仓储合同是诺成性合同，保管合同通常是实践性合同。

3）根据仓储合同可签发仓单，而保管合同中不存在仓单，保管人可出具收货凭证（或保管凭证）。

4)现有法律对仓储经营人要求特殊的经营资格条件，而对保管人未作出限制。

5）仓储合同根据无过错原则确定责任，而保管合同根据过错原则确定责任。

6）仓储合同的仓储物应该是动产；而对保管合同的保管物法律上没有仅限于动产，在理论上，不动产也可成立保管合同。

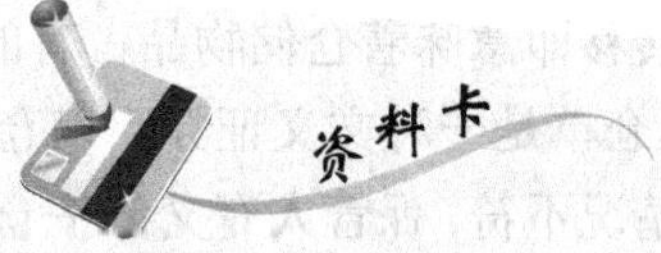

1）根据仓储经营主体的不同，仓储可分为：企业自营仓储、商业营业仓储、公共仓储、战略储备仓储。

2）根据仓储对象的不同，仓储可分为：普通物品仓储、特殊货物仓储。

3）根据仓储功能的不同，仓储可分为：储存仓储、物流中心仓储、配送中心仓储、运输转换仓储、保税仓储。

4）根据仓储经营方式的不同，仓储可分为：保管式仓储、加工式仓储、消费式仓储。

2. 仓储合同与保管合同的联系

1）仓储合同与保管合同都是对他人的货物提供一定的保管服务，在保管期限届满时返

还该物的合同。因此，当事人在合同的权利、义务上具有相似性。

2）仓储合同是一种特殊的保管合同。虽然我国《合同法》对保管合同和仓储合同各自设有专门的分则，但保管与仓储这两种活动具有许多相似性。《合同法》第 395 条写明：凡仓储合同这一章未作规定的，应适用保管合同的有关规定。

能力知识点 2　掌握仓单的概念和相关内容

一、仓单的概念

仓单是指保管人接受存货人交付的货物后依法签发给存货人的单证。仓单是提取货物的凭证，也表示货物的所有权。仓单必须有保管人的签字或盖章才有效。因为在合同有效期间，货物是受保管人合法占有并管理的，因此必须在仓单上有保管人的签字或盖章认可该票货物是保管人暂时占有，存货人或仓单持有人可以凭仓单对货物进行处置。

二、仓单的法律性质

1）仓单首先是一种有价证券，是在存货人交付仓储物时，保管人应存货人的请求所填发的有价证券。

2）仓单还具有交付指示证券的性质，即存货人对保管人予以指示，向仓单持有人支付仓储物的全部或一部分的指示证券。基于仓单的这一性质，仓单可以通过背书方式进行转让。

3）仓单还是一种物权凭证。仓单代表存储物品，仓单的占有即意味着物品本身的占有，仓单的转移即意味着仓储物品占有的转移。

4）仓单是一种文义证券，以仓单上文字记载的内容为准。如果仓单上文字记载的内容与实际情况不符，保管人有义务按仓单上所记载的内容履行义务，即仓单上记载有某批货物，而实际仓库中并没有，保管人对仓单持有人有交付该批货物的义务。

5）仓单是要因证券，即仓单上记载的权利以仓储合同为基础，如果没有仓储合同，也就无所谓仓单的存在，这样的仓单只能是一种假仓单。

6）仓单是要式证券，根据《合同法》第 386 条的规定，保管人须在仓单上签字或盖章，仓单上应该有法定的必须记载的事项。没有法定的完备的形式，保管人出具的仓单是无效的。而一般保管合同的成立，有当事人之间的合意即可，不以特别方式为必要；保管合同的形式由当事人自由选择，可以选择口头形式、书面形式、公证形式等。

7）仓单是换取证券，即保管人按仓单持有人的要求交付仓储物以后，可要求仓单持有人缴还仓单，因此，仓单又称为缴还证券。如果仓单持有人拒绝缴还仓单，保管人可拒绝交付仓储物。

三、仓单上记载的内容

1）存货人的名称或者姓名和住所。存货人为法人或者其他社会组织、团体的，应当写明其名称，名称应写全称。存货人为自然人的，则应写明姓名。

2）仓储物的品种、数量、质量、包装、件数和标记。这些内容是经过保管人验收确定后再填写在仓单上的。需注意的是保管人和存货人订立仓储合同时，对仓储物的上述情况的约定，不能作为填写仓单的依据。

3）仓储物的损耗标准。一般地，在仓储合同中约定有仓储物的损耗标准，仓单上所记载的损耗标准通常与该约定相同。当然，当事人也可以在仓单上对仓储合同中约定的标准进行变更。当仓储合同约定的标准与仓单上所记载的标准不一致时，一般以仓单的记载为准。

4）储存场所，即表明仓储物所在的具体地点。

5）储存期间。在一般情况下，存货人与保管人在仓储合同中商定储存期间，仓单上的储存期间与仓储合同中的储存期间一般是相同的。

6）仓储费，即存货人向保管人支付的报酬。

7）仓储物已经办理保险的，其保险金额、期间及保险人的名称。

8）填发人、填发地和填发日期。填发人也就是仓储合同的保管人，填发地一般是仓储物入库地。

“仓单质押”业务在中国物资储运行业开展了将近三年，是解决仓库存货客户资金紧缺、保证银行放贷安全和增加储运仓库货源的有效途径，可以取得一举三得的效果。

四、仓单的作用

仓单作为仓储保管的凭证，其作用主要表现在以下几个方面：

（1）仓单是保管人向存货人出具的货物收据：当存货人交付的仓储物经保管人验收后，保管人需向存货人填发仓单。仓单是保管人已经按照仓单所载状况收到货物的证据。

（2）仓单是仓储合同存在的证明：仓单是存货人与保管人双方订立的仓储合同存在的一种证明，只要签发仓单，就证明了合同的存在。

（3）仓单是货物所有权的凭证：它代表仓单上所列的货物，合法占有仓单就等于占有该货物，仓单持有人有权要求保管人返还货物，有权处理仓单所列的货物。仓单的转移，也就是仓储物所有权的转移。因此，保管人应该向持有仓单的人返还仓储物。也正由于仓单代表着其项下货物的所有权，所以，仓单作为一种有价证券，也可以按照《中华人民共和国担保法》的规定设定权利质押担保。

（4）仓单是提取仓储物的凭证：仓单持有人向保管人提取仓储物时，应当出示仓单。保管人一经填发仓单，则持单人对于仓储物的受领，不仅应出示仓单，而且还应缴回仓单。仓单持有人为第三人，而该第三人不出示仓单的，除了能证明其提货身份外，保管人应当拒绝返还仓储物。

此外，仓单还是处理保管人与存货人或仓单持有人之间关于仓储合同纠纷的依据。

五、仓单的效力

仓单一经依法签发，就具有法律效力。仓单上所载明的权利与仓单是不可分离的，仓单主要具有以下两方面的效力：

（1）提取仓储物的效力：保管人一经填发仓单，则仓单持有人对于仓储物的受领，不仅应出示仓单，而且还应缴回仓单。

（2）移转仓储物的效力：仓单上所记载的货物，非由货物所有人在仓单上背书，并经保管人签名，不发生所有权转移的效力。

能力知识点3　了解仓储合同的效力

一、保管人的权利和义务（案例导入中，东方储运公司为保管方）

1. 保管人的权利

1）有权要求发货人按照合同约定交付货物。

2）有权要求发货人就所交付的危险货物或易变质货物的性质进行说明并提供相关资料。

3）对入库货物进行验收时，有权要求发货人配合并提供验收资料。

4）发现货物有变质或者其他损坏时，有权催告发货人作出必要的处置。

5）有权在情况紧急时，对变质或者有其他损坏的货物进行处置。

6）有权要求发货人按时提取货物。

7）发货人逾期提取货物的，有权加收仓储费。

8）有权提存发货人逾期未提取的货物。

9）有权要求发货人按约定支付仓储费和其他费用。

2. 保管人的义务

（1）签发、给付仓单的义务：根据《合同法》第385条的规定，存货人交付仓储物的，保管人应当给付仓单，并在仓单上签字或者盖章，保证仓单的真实性。

（2）及时接收货物并验收入库的义务：按照有关法律规定及合同的约定，对保管物要及时接收并验货。保管人没有按合同约定接货的，应承担违约责任。验收时发现与合同约定不符的，应及时向存货人提出；若接收货物时未提出异议的，视为货物品种、数量和质量符合合同约定。保管物入库后，发生仓储物的损害和灭失，保管人应当承担损害赔偿责任。保管人应按合同约定或国家规定的验收项目、验收方法、验收期限进行验收；若未能按照合同约定或国家有关规定进行验收，以致验收不准确的，因此造成的损失由保管人负责。货物的验收期限，合同有约定的依约定；没有约定的，依《仓储保管合同实施细则》规定，国内仓储物的验收不超过10天，国外仓储物的验收不超过30天。自货物和验收资料全部送达保管人之日起计算。

（3）妥善保管仓储物的义务：保管人要按照约定的储存条件和要求保管货物，特别是对于危险品和易腐物品，要按国家和合同规定的要求操作、储存。保管人因保管不当造成仓储物灭失、短少、变质、污染的，应当承担赔偿责任。但是，由于不可抗力或货物本身性质发生的毁损，保管人可以免责。

（4）接受检查的义务：存货人或仓单持有人在储存期间请求检查储物或提取样品的，保管人应予以准许。根据《合同法》第 388 条的规定，保管人根据存货人或者仓单持有人的要求，应当同意其检查仓储物或者提取样品。

（5）危险通知义务：当货物或外包装上标明了有效期或合同上申明了有效期的，保管人应在货物临近失效期 60 天前通知存货人；若发现货物有异状，或因第三人主张权利而起诉或被扣押的，也应及时通知存货人。

（6）紧急处置的义务：根据《合同法》第 390 条的规定，保管人对入库仓储物发现有变质或其他损坏，危及其他仓储物的安全和正常保管的，应当通知存货人或者仓单持有人作出必要的处置。因情况紧急，保管人可以作出必要的处置，但事后应当将该情况及时通知存货人或仓单持有人。

（7）按期如数出库义务：保管期限届满，应按约定的时间、数量将货物交给存货人或仓单持有人；保管期限未到，但存货人要求返还保管货物的，保管人应及时办理交货手续。保管人没有按约定的时间、数量交货的，应承担违约责任；未按货物出库原则发货而造成货物损坏的，应负责赔偿实际损失。此外，合同约定由保管人代办运输保管货物的，保管人有义务按期发货，妥善代办运输手续。如果保管人没有按合同规定的期限和要求发货或错发到货地点，应负责赔偿由此造成的实际损失。

一般来说，仓储合同对储存期间有约定的，在储存期限届满前，保管人不得要求存货人取回仓储物。但是，在存货人要求返还时，保管人不得拒绝返还，但可以就其因此所受到的损失请求存货人赔偿。另外，仓储合同对储存期间没有约定或者约定不明确的，保管人随时可以向存货人或仓单持有人要求提取货物，但应当给予必要的准备时间。

二、存货人的权利和义务（案例中，盛达公司为存货方）

1. 存货人的权利

1）有权要求保管人给付仓单。

2）有权要求保管人对入库货物进行验收并就不符情况予以通知，保管人未及时通知的，有权认为入库货物符合约定。

3）有权对入库货物进行检查并提取样品。

4）保管人没有或者怠于将货物的变质和其他损坏情形向存货人催告的，存货人有权对因此遭受的损失向保管人请求赔偿。

5）对保管人未尽妥善储存、保管货物的义务造成的损失，有权要求保管人赔偿。

6）储存期满，有权凭仓单提取货物。

7）未约定储存期间的，有权随时提取货物，但应当给予保管人必要的准备时间。

8）储存期间未满，也有权提取货物，但应当加交仓储费。

2. 存货人的义务

（1）提交储存货物：存货人要按合同约定的品名、时间、数量向保管人提交储存货物，并向保管人提供必要的入库验收资料。存货人不能全部或部分按合同约定入库时，应承担违约责任；因未提供验收资料或提供的资料不齐全、不及时，造成验收差错及贻误索赔期的，由存货人负责。存货人交付货物有瑕疵或者按货物的性质需要采取特殊保管措施的，应当告知保管人。存货人因过错未告知保管人瑕疵或者特殊保管要求，致使保管人受到损害的，应承担损害赔偿责任。储存易燃、易爆、有毒、有放射性等危险物品或者易腐物品，存货人应当说明货物的性质和预防危险、腐烂的方法，提供有关资料，并采取相应的防范措施。存货人未履行这些义务的，保管人可以拒收该货物；保管人因接收该货物造成的损失，由存货人负责赔偿。

（2）负责包装货物：存货人应按照规定负责货物的包装。包装标准有国家或专业标准的，按国家或专业标准规定执行；没有国家或专业标准的，按双方约定的标准执行。包装不符合国家或合同规定，造成货物损坏、变质的，由存货人负责。

（3）支付报酬和必要费用：仓储合同均为有偿合同，因此，存货人在提取货物时应向保管人支付保管费及因保管货物所支出的必要费用。否则，保管人有权对仓储物行使留置权。具体费用包括以下几方面：

1）仓储费，即保管人因其所提供的仓储服务而应取得的报酬。根据《合同法》第 381 条的规定，仓储费应由存货人支付。存货人支付仓储费的时间、金额和方式依据仓储合同的约定。仓储费与一般保管费有所不同，当事人通常约定由存货人在交付货物时提前支付，而非等到提取货物时才支付。根据《合同法》第 392 条的规定，存货人或者仓单持有人逾期提取货物的，应当加收仓储费；而提前提取的，不减收仓储费。

2）其他费用，即为了保护存货人的利益或者避免其损失而发生的费用。例如，存货人所储存的货物发生变质或者其他损坏，危及其他货物的安全和正常保管的，在紧急情况下，保管人可以作出必要的处置，因此而发生的费用，应当由存货人承担。

（4）按合同规定及时提取货物：合同期限届满，存货人应按合同约定及时提取货物。如因存货人的原因不能如期出库时，存货人应承担违约责任。提前提取的，除当事人另有约定外，不减少其仓储费。出库货物由保管人代办运输的，存货人应按合同规定提供有关材料、文件，未及时提供包装材料或未按期变更货物的运输方式、到站、收货人的，应承担延期的责任和增加的费用。

储存期间届满，仓单持有人应当凭仓单提取仓储物，并向保管人提交仓储验收资料。仓单持有人逾期提取的，应当加收仓储费；提前提取的，不减收仓储费。储存期间届满，仓单持有人不提取仓储物的，保管人可以催告其在合理期限内提取，逾期不提取的，保管人可以提存该仓储物。保管人在储存期间届满后，在仓单持有人不提取仓储物的情况下，可以在通知的期间内加收仓储费。

除以上规定外，仓储合同对双方当事人的效力，还适用保管合同的规定。

（5）对变质或者有其他损坏的货物进行处置的义务：为了确保其他货物的安全和正常的保管活动，根据《合同法》第 390 条的规定，当入库货物发生变质或者其他损坏，危及其他货物的安全和正常保管，保管人催告时，存货人或仓单持有人有作出必要处置的义务。对于存货人或仓单持有人的这种处置义务，应当注意以下几点：①以能够保证其他货物的安全和正常保管为限。②如果保管人对存货人或者仓单持有人的货物的处置要求过高，存货人或者仓单持有人可以拒绝。③如果存货人或者仓单持有人对货物的处置已主动地超过必要的范围，由此而给保管人造成不便或带来损害的，保管人有权要求赔偿。④如果存货人或者仓单持有人怠于处置，则应对这些损失承担赔偿责任。

> 仓储合同与保管合同都是指保管寄存人交付的保管物，并返还该物的合同。仓储合同是一种特殊的保管合同。

（6）容忍保管人对变质或者有其他损坏的货物采取紧急处置措施的义务：保管人的职责是储存、保管货物，一般对货物并无处分的权利。然而，在货物发生变质或其他损坏，危及其他货物的安全和正常保管，情况紧急时，根据《合同法》第 390 条的规定，保管人可以作出必要的处置，但事后应当将该情况及时通知存货人或者仓单持有人。在这种情况下，存货人和仓单持有人事后不得对保管人的紧急处置提出异议。但是，保管人采取的紧急处置措施必须符合下列条件：①必须是情况紧急，即保管人无法通知存货人、仓单持有人的情况。②保管人虽然可以通知，但可能会延误时机的情况。③处置措施必须是有必要的，即货物已经发生变质或者其他损坏，并危及到其他货物的安全和正常保管。④所采取的措施应以必要的范围为限，即以能够保证其他货物的安全和正常保管为限。

三、保管人的责任

1）存储期间，因保管不善造成货物毁损、灭失的，保管人应承担损害赔偿责任。存货人储存货物的目的是为了使货物得到妥善适当的保管，以保持货物的品质，便于日后的生产、消费或交易。因此，保管人应按国家有关规定和合同的约定进行保管及必要的仓库储存、堆码、装卸与操作。在存储期间，保管人没有适当履行保管义务而造成货物毁损、灭失的，应承担相应的违约责任。

2）因货物的性质、包装不符合约定或超过储存期造成货物变质、损坏的，保管人不承担损害赔偿责任。根据传统的交易习惯，货物几乎都是存货人自行包装的，所以，货物在交付之时均已包装妥当，保管人没有包装的义务，因而不应由其承担因包装不符合约定而造成损失的赔偿责任。物流业的兴起使传统的生产和流通理念发生了变化，仓储经营者根据客户的需要同时从事包装服务的已不少见，所以，如果当事人约定货物入库前由保管人负责包装，则相应的责任由保管人承担。货物超过有效储存期造成货物变质、损坏的，保管人不承担损害赔偿责任。存货人对于自己货物的内在品质应予充分考虑，因为货物的内在品质是保管人无法处置的。

> 资料卡
>
> 仓储经营者从事仓储经营活动应具备以下条件：仓库的位置和设施，装卸、搬运、计量等机具应符合行业技术规定；仓库安全设施须符合公安、消防、环保等部门的批准许可；有完整的货物进库、入库、存放等管理制度；有专职保管员。

活动建议

调查你所处地区的物流企业常见的运输方式。

知识拓展　关于仓单的其他知识

一、仓单的签发

我国《合同法》第 385 条规定，存货人交付仓储物的，保管人应当给付仓单。保管人签发仓单的条件是存货人交付仓储物，一般是在验收之后。根据《合同法》第 386 条的规定，签发仓单时，保管人应当在仓单上签字或者盖章。未经保管人签字或者盖章的仓单为无效仓单。

从世界各国的立法来看，关于仓单有三种立法主义：①以法国为代表的“两单主义”，又称“复券主义”。采取这种立法主义的，保管人应同时填发两个仓单，一个为提取仓单，用以提取保管物，并可转让；另一个为出质仓单，可用于担保。②以德国商法为代表的“一单主义”。采取“一单主义”的，保管人仅填发一个仓单，该仓单既可用以转让，又可用于质押。③以日本商法为代表的“两单与一单并用主义”。采取此种立法主义的，保管人应存货人的请求填发两个仓单或者一个单。

我国《合同法》实际上采用的就是“一单主义”，即保管人仅填发一个仓单，不能同时填发两个仓单；该仓单既可转让，也可用于质押。

二、仓单的转让与分割

实际生活中，仓单持有人可以请求保管人将保管的货物（仅适用在数量上可以分割的货物，特别是大宗货物）分割为数个部分，并分别填发仓单，同时持有人须交还原仓单。这在学说上称为仓单的分割。其目的是为了便于存货人处分仓储物，如将 1 000 吨水泥分割成 10 份，分别卖给不同的人。但是，因分割仓单所支出的费用是由存货人支付或偿还的。

《合同法》第 387 条规定，存货人或仓单持有人在仓单上背书并经保管人签字或者盖章的，可以转让提取仓储物的权利。

三、仓单交付的后果

1. 仓储物风险承担随仓单而转移

依《合同法》的基本理论，风险自交付时转移，尽管仓单的交付不是货物的直接交付，但具有了法律上交付的意义，所有权的转移得到了实现，风险的转移也随之完成。

2. 仓单仅具有单纯的物权效力

仓单毕竟只是低层次的有价证券，它远不及票据，仓单的交付只对于那些由仓单而发生的权利以及对于仓储物上的权利具有物权转移的效力，不涉及其他方面的权利关系，如票据上对前手背书人的追索权。

3. 仓单具有物权的排他性

在同一仓储物上，不能存在两份或多份内容相同的仓单。这是一物一权主义所决定的，即使在混藏仓储合同的情况下，也只能理解为各仓单持有人为共同所有人。如果出现两份或多份仓单请求给付，则应当以最先签发的仓单为准。

4. 仓储物的非所有人取得的仓单仍然具有物权效力

除盗窃、抢夺、拾得遗失物等违背所有权人本意占有他人之物外，只要是基于合法的占有而将物品储存、保管于保管人的，则据此取得的仓单同样具有物权效力，即在仓单交付时，被背书人基于仓储物已经交付储存与保管的事实，相信背书人即为仓储物的所有人。在此情形下，被背书人取得仓储物的所有权。

第四单元　物流配送法律法规

本单元学习导引图

物流配送法律法规

- **了解物流配送实务**
  - 了解物流配送的含义、特点和类型
  - 了解配送中心的含义、功能、要求和类型
  - 了解物流企业在配送中的法律地位
- **掌握物流配送合同**
  - 理解配送合同的含义、类型
  - 掌握配送合同的内容
  - 明确物流企业在配送活动中的法律地位

学习目标

通过本单元的学习，了解物流配送、配送中心和配送合同的含义、类型，熟悉配送服务合同和销售配送合同的内容，明确物流企业在配送活动中的法律地位，学会组织运作货物配送。

综合知识模块一

了解物流配送实务

配送作为一种特殊的、综合的物流活动形式，几乎包括了物流作业的所有职能。在某种程度上讲，配送作业是物流的一个缩影或在特定范围内物流作业全部活动的体现。“配”包括了货物的分拣和配货活动，这一活动又包含了加工和包装，它是根据用户的要求来“配货”的；而“送”则包括各种送货方式和送货行为。配送中心则是专门从事配送工作的物流据点，它集商流、物流、信息流于一体，具有物流的全部职能，是现代物流的一种先进的货物配送组织形式。配送是物流企业经营活动的重要组成部分，对于推动物流合理化、完善整个物流系统、充分发挥物流功能起到了巨大的作用。

案例导入

沃尔玛（Wal-Mart）公司由美国零售业的传奇人物姆·沃尔顿先生于1962年在阿肯色州成立。经过四十多年的发展，沃尔玛公司已经成为美国最大的私人雇主和世界上最大的连锁零售企业。截至2009年5月，沃尔玛公司在全球14个国家开设了7900家商场，员工总数达210万人，每周光临沃尔玛超市的顾客达1.76亿人次。沃尔玛公司是全球500强榜首企业。

沃尔玛公司在整个物流过程中，最昂贵的就是运输部分，所以它在设置新卖场时尽量以其现有配送中心为出发点，卖场一般都设在配送中心周围，以缩短送货时间，降低送货成本。通过集中配送、简化单据操作流程、降低成本、缩短运输里程等途径，确保超市随时都有现货供应。沃尔玛公司的成功在于拥有一个强大的物流配送中心。

能力知识点1　了解物流配送的含义、特点和类型

一、物流配送的含义

物流配送是指在经济合理区域范围内，根据用户的要求，对物品进行分拣、加工、包装、分割、组配等作业，并按时送达指定地点的物流活动。配送活动往往是由从事配送业务的配送中心来完成的。从总体上看，配送由备货、理货、送货、配送加工四个基本环节组成，包括：①一般的配送集装卸、包装、分拣、保管、配货、运输于一身，通过这一系列活动将物品送达用户手中。②特殊的配送还需要增加加工活动，其所包括的内容更广。分拣、配货是配送的独特要求，也是配送中特有的活动。以送货为目的的运输则是最后实现配送的主要手段。

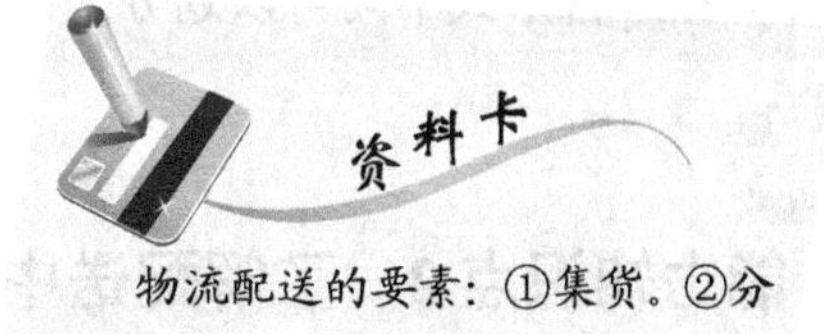

物流配送的要素：①集货。②分拣。③配货。④配装。⑤配送运输。⑥送达服务。

二、物流配送的特点

（1）物流配送具有特殊性：物流配送是从物流结点至用户的一种特殊的送货方式，不是运输活动的全部或全过程，只包含某一段的运输活动。

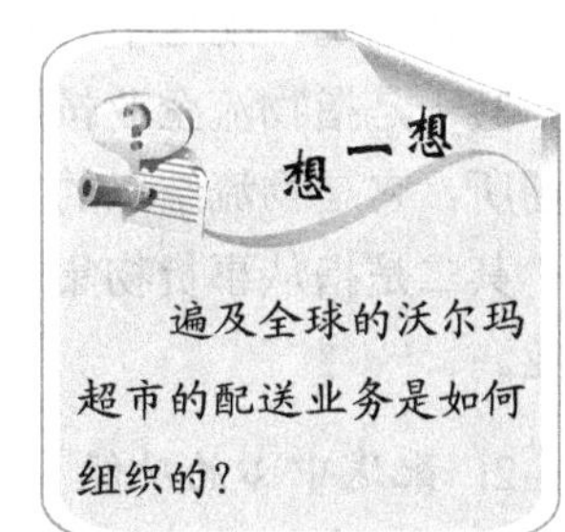

遍及全球的沃尔玛超市的配送业务是如何组织的？

（2）物流配送具有整合性：物流配送不是一般的运输和输送，而是运输与其他活动共同构成的结合体。在全面配货的基础上，充分按照用户的要求进行服务，它将“配”和“送”有机地结合起来，完全按照用户要求的数量、种类、时间等进行分货、配货、配装等工作。

（3）物流配送具有服务性：物流配送是将货物从物流结点一直送到用户的仓库、营业现场、车间乃至生产线的起点。从服务方式上看，物流配送是一种“门到门”的服务。

（4）物流配送具有计划性：物流配送是一项有计划的活动，需要根据用户的需要以及从事配送的企业的能力，有计划地进行送货活动。

物流配送的作用：

1）推行配送有利于物流运动实现合理化。

2）完善了运输和整个物流系统。

3）提高了末端物流的效益。

4）通过集中库存使企业实现低库存或零库存。

5）简化事务，方便用户。

6）提高供应保证程度。

7）为电子商务的发展提供了基础和支持。

三、物流配送的类型

1）按配送时间、数量不同可以划分为：定时配送、定量配送、即时配送、定时定路线配送。

2）按加工程度不同可以划分为：集疏配送、加工配送。

3）按配送商品种类及数量不同可以划分为：少品种、大批量配送，多品种、小批量配送，配套成套配送。

4）按配送组织者不同可以划分为：配送中心配送、仓库配送、生产企业配送、商业门店配送。

5）按经营形式不同可以划分为：供应配送、销售配送、一体化配送、代存代供配送。

能力知识点 2　了解配送中心的含义、功能、要求和类型

一、配送中心的含义和功能

1. 配送中心的含义

配送中心是指专门从事货物配送活动的物流场所或经济组织，它是集加工、理货、送货等多种职能于一体的物流结点，也可以说，配送中心是具集货中心、加工中心功能的综合组织。具体地说，配送中心有如下两层含义：

其一是指物流企业按用户要求进行货物集货、拣选、加工、包装、分割、组配的现代流通场所，它是物流结点的重要形式。

其二是指从事货物集货、拣选、加工、包装、分割、组配并组织对用户送货的现代物流企业。

2. 配送中心的功能

1）存储功能：配送中心的服务对象是生产企业和商业网点，为了顺利有序地完成向用户配送商品（或货物）的任务，更好地发挥保障生产和消费需要的作用，通常，配送中心都建有现代化的仓储设施，如仓库、堆场等，存储一定量的商品，形成对配送的资源保证。

2）分拣功能：作为物流结点的配送中心，其用户是为数众多的企业和零售商。这些用户彼此之间存在着很大的差别，为满足不同用户的不同需求，有效地组织配送活动，配送中心必须采取适当的方式对组织来的货物进行分拣，然后按照配送计划组织配货和分装。

3）集散功能：在一个大的物流系统中，配送中心将分散于各个生产企业的产品集中在一起，通过分拣、配货、配装等环节向多家用户进行发送，以经济、合理的批量来实现高效率、低成本的商品流通。

4）衔接功能：通过开展货物配送活动，配送中心把各种生产资料和生活资料直接送到用户手中，通过发货和储存，起到了调节市场需求、平衡供求关系的作用，有效地解决了产销不平衡问题，缓解了供需矛盾，在产、销之间建立起一个缓冲平台，衔接生产与消费、供应与需求，使供需双方实现了无缝连接。

5）流通加工功能：按照用户的要求来进行简单的配送加工，可以使配送的效率提高，同时增加客户的满意程度。

6）信息处理：配送中心连接着物流干线和配送，直接面对着产品的供需双方，因而不仅是实物连接，更重要的是信息的传递和处理，包括在配送中心的信息生成和交换。

二、配送中心的要求

配送中心的要求：主要为特定的用户服务；配送功能健全；完善的信息网络；辐射范围小；多品种、小批量；以配送为主，储存为辅。

配送中心和仓库都是物流结点的重要形式，两者具有很多共同点。但总体上，配送中心是以配送为主、储存为辅的；而仓库则以储存为主，以配送等其他物流服务为辅。配送中心在现代装备和工艺方面远强于传统的仓库，是集商流、物流、信息流于一身的全功能流通设施。随着综合性的第三方物流的广泛发展，许多传统的仓库都在逐渐向配送中心转变。

三、配送中心的类型

1. 以生产厂为主的配送中心

以生产厂为主的配送中心，是为工业自销业务而建立起来的。工厂的产品存放在工厂的物流中心里，然后可以向众多的零售店进行配送。它的特点是环节少、成本低。但对零售店来说，从这里配送的商品，只能局限于一个生产厂的产品，难以满足商店销售商品琳琅满目的要求。

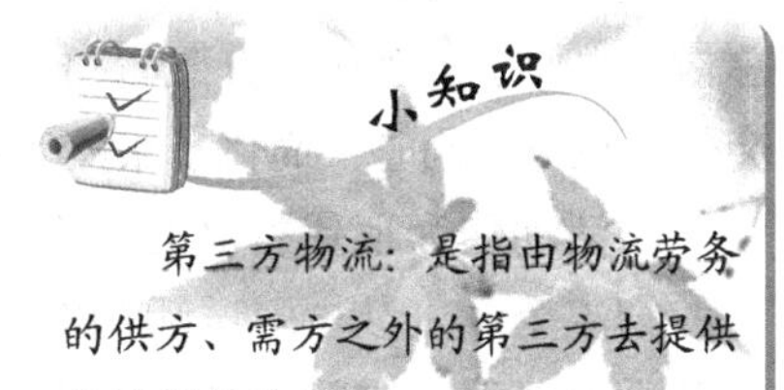

第三方物流：是指由物流劳务的供方、需方之外的第三方去提供物流服务的模式。

2. 以批发商为主的配送中心

以批发商为主的配送中心，是把从各个厂家购进的商品，经过批发环节的物流中心，然后向零售店送货。虽然多了一道环节，但是一次送货，品种多样，有利于减少零售店的进货次数。

3. 以零售商为主的配送中心

以零售商为主的配送中心，一般都建立在大型零售商店或超级市场的附近。从批发部进货或从工厂直接进货的商品，经过零售店自有的配送中心，再向自己的网点和柜台直接送货。为保证商品不脱销，零售店必须有一定的“内仓”存放商品，这种配送中心可以及时不断地、高效率地向商店各部门送货，这样不仅有利于减轻商店内仓的压力，节省内仓占用的面积，而且由于库存集中在配送中心，还有利于减少商店的库存总量。

4. 以物流企业为主的配送中心

以物流企业为主的配送中心，是为批发企业服务的综合性物流中心。各地批发企业都有相当一部分的商品存储在当地的仓库里。在仓库实现由储存型向流通型转变的基础上建立起来的配送中心，可以越过批发企业自己的仓库或配送中心，直接向零售店配送商品。与批发企业各自建立的配送中心相比，它的特点是物流设施的利用率高、成本低、服务面广。

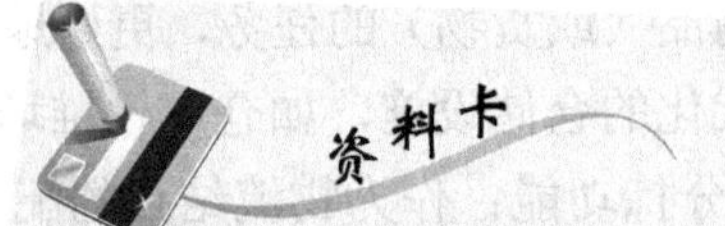

在美国，第三方物流组织员工数量少于100人的约占39%，处于100～500人之间的占25%，处于500～1000人之间的不到3%，而在1000人以上的占33%以上。

物流配送的发展时期：

（1）萌芽阶段的配送：20世纪60年代初期。

（2）发育阶段的配送：20世纪60年代中期。

（3）成熟阶段的配送：20世纪80年代初期。

（4）多样化阶段的配送：20世纪80年代以后。

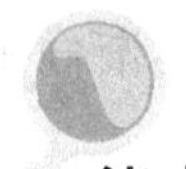

能力知识点3　了解物流企业在配送中法律地位

物流企业配送在现代物流体系中完善了运输和整个物流系统，使单位存货成本下降，使库存总量大大低于各企业的分散库存总量，可增加调节能力，提高经济效益，将物流推上专业化、社会化的轨道，同时，简化了采购等事务，减少了生产风险，为电子商务的发展提供了支持。

配送活动作为现代物流的一个重要组成部分，也是众多物流企业的业务范围之一。然而，不同的物流企业，参与配送活动的方式不尽相同，这决定了其法律地位也会不同。以不同的法律关系为根据，实践中各物流企业参与配送活动的方式大致可分为以下几种。

1. 与用户签订单纯的配送服务合同

这类物流企业与用户签订单纯的配送服务合同，仅仅为用户提供短距离的货物配送服务，包括拣选、配货、包装、加工、组配等全部或部分配送环节，不提供其他物流服务，如长距离干线的运输服务等。此时，物流企业与用户是配送服务合同法律关系，物流企业为配送人，双方的权利义务按配送服务合同的约定，并适用《合同法》总则的要求，参照法律最相类似的规定确定。例如，流通加工环节参照关于加工承揽合同的约定，储存环节参照关于仓储合同和保管合同的规定等。

2. 与用户签订单纯的销售配送合同

这类物流企业与用户签订单纯的销售配送合同，除要按用户要求负责集货、配货、送货外，还要负责订货、购货。此时，物流企业与用户之间是销售配送合同关系，物流企业为配送人，双方的权利义务按销售配送合同的约定，适用《合同法》总则的要求，并按照法律最相类似的规定确定，其中关于转移货物所有权部分的权利义务可参照关于买卖合同的规定。

3. 为用户提供含配送的综合物流服务

这类物流企业一般为综合性物流企业，或者为具有两项（包括配送）以上的物流服务功能的物流企业。它们除了为用户提供短距离的货物配送服务外，还会根据用户要求为其提供长距离干线运输或者专门的仓储服务。此时，物流企业与用户签订的是物流服务合同，而不是单纯的配送服务合同，物流企业是物流服务提供者，用户是物流服务需求者，双方的权利义务按物流服务合同双方当事人的关系予以确定。

4. 以用户的身份出现

这类物流企业一般是指没有配送中心和配送设备的综合物流企业，或者虽有配送中心和配送设备，但数量能力不足的物流企业。这类物流企业（下称物流企业A）与客户签订含有仓储服务的物流服务合同后，由于自身没有或者没有足够的配送中心和配送设备，只能将全部或者部分配送服务交由拥有配送中心及配送设备的物流企业（下称物流企业B）实际履行。物流企业B通常为专门提供配送服务的专业配送中心。此时，物流企业A与物流企业B之间通常会签订配送服务合同，物流企业A为用户，物流企业B为配送人，双方之间的权利义务依据配送服务合同法律关系确定。

活动建议

1. 与几个同学搭伴参观你所处地区的几家物流配送企业，并对它们的业务做一下比较。
2. 参观一个具有一定规模的物流配送企业。

了解物流配送的一般流程

1. 备货

备货是配送的准备工作或基础工作，备货工作包括筹集货源、订货或购货、集货、进货及有关的质量检查、结算、交接等。配送的优势之一，就是可以集中用户的需求进行一定规模的备货。

2. 储存

物流配送中的储存有储备及暂存两种形态。

物流配送储备是按一定时期的配送经营要求形成的对配送的资源保证。这种类型的储备数量较大，储备结构也较完善，视货源及到货情况，可以有计划地确定周转储备、保险储备结构及数量。配送的储备保证有时在配送中心附近单独设库解决。

另一种储存形态是暂存，是具体执行日物流配送时，按分拣配货要求，在理货场地所做的少量储存准备。由于总体储存效益取决于储存总量，所以，这部分暂存数量只会对工作方便与否造成影响，不会影响储存的总效益，因而在数量上控制并不严格。还有另一种形式的暂存，即分拣、配货之后形成的发送货载的暂存，这个暂存主要是调节配货与送货的节奏，暂存时间不长。

3. 分拣及配货

它是完善送货、支持送货的准备性工作，是不同配送企业在送货时进行竞争和提高自身经济效益的必然延伸，所以，也可以说它是送货向高级形式发展的必然要求。有了分拣及配货，就会大大提高送货服务水平，所以，分拣及配货是决定整个配送系统水平的关键要素。

4. 配装

在单个用户配送数量不能达到车辆的有效载运负荷时，就存在如何集中不同用户的货物进行搭配装载以充分利用运能、运力的问题，这就需要配装。和一般的送货不同，通过配装送货可以大大提高送货水平，可以降低送货成本，所以，配装是配送系统中有现代特点的功能要素，也是现代配送不同于以往送货的重要区别。

5. 运输

配送运输属于运输中的末端运输、支线运输，和一般运输形态的主要区别在于：配送运输是较短距离、较小规模、额度较高的运输形式，一般使用汽车做运输工具。与干线运输的另一个区别是，配送运输的路线选择问题是一般干线运输所没有的，干线运输的干线是惟一的运输线，而配送运输由于配送用户多，一般城市交通路线又较复杂，如何组合成最佳路线，如何使配装和路线有效搭配等，是配送运输的特点，也是难度较大的工作。

6. 送达服务

配好的货物运输到用户手中还不算配送工作的完结，这是因为送货和用户接货往往还会出现不协调，使配送前功尽弃。因此，要圆满地实现货物的移交，有效、方便地处理相关手续并完成结算。送达服务还应考虑卸货地点、卸货方式等。送达服务也是配送独具的特殊性。

7. 加工

在配送活动中，配送加工不具有普遍性，但是往往具有重要的作用，这主要是因为通过配送加工可以大大提高用户的满意程度。配送加工是流通加工的一种，但配送加工有它不同于一般流通加工的特点，即配送加工一般只取决于用户要求，其加工的目的较为单一。

物流配送的一般流程比较规范，但并不是所有的配送都是按照上述流程进行的。不同产品的配送可能有独特之处，如燃油配送就不存在配货、分放、配装工序，水泥及木材配送就多出了一些流通加工的过程，而流通加工又可能在不同的环节出现。

综合知识模块二

掌握物流配送合同

由于配送活动是集装卸、包装、分拣、保管、加工、配货、运输等一系列活动于一身的活动，是一个综合性的活动，因此配送所涉及的法律法规问题交错。物流配送合同不是单纯的仓储合同或运输合同，不是买卖合同，不是加工承揽合同，不是委托合同，它是具有仓储、运输、买卖、加工承揽和委托合同的某些特征的一种无名合同。它只能适用《合同法》总则的规定，并可就相关问题参照《合同法》的分则或其他法律最相似的规定。

案例导入一

某乳业集团是在长江以南建立的一个集养殖牧场、生产基地于一体的独资有限公司。其主要生产低温鲜奶。2009 年 10 月 26 日，长江物流配送中心与该乳业集团签订了配送合同，主要负责该乳业集团在长沙区域内的鲜奶配送工作。这是一个什么类型的配送合同？长江物流配送中心应该承担什么义务和责任？

案例导入二

某家电生产有限公司与某邮政物流有限责任公司签订了家电产品配送合同，合同内容如下：

甲　方：×××家电生产有限公司。

乙　方：×××邮政物流有限责任公司。

根据《中华人民共和国合同法》，本着互利互惠的原则，就甲方委托乙方配送货物事宜，为了明确双方的责任，经双方协商，特签订本合同。

第一条：运输货物（包括名称、规格、数量等）。严禁运输国家禁运、易燃、易爆物品。

编　号	品　名	规　格	单　位	单　价	数　量

第二条：包装要求。甲方必须按照国家主管机关规定的标准包装货物，没有统一规定包装标准的，应根据保证货物运输安全的原则进行包装，否则乙方有权拒绝承运。

第三条：配送区域。海南地区及省内各市县城。

第四条：合同期限。一年，从 2009 年 7 月 29 日至 2010 年 7 月 29 日，合同期满后，经双方就合同约定价格再行协商，在同等条件下优先续签。

第五条：运输质量及安全要求。乙方必须用符合甲方配送货要求的车辆，为甲方实行优质、快捷、安全的 B2B 配送货服务。保证甲方的货物按规定要求、时间，保质保量地配送至目的地。每天运输前双方议定运输重量，超重时价格另定。

第六条：货物装卸责任。货物的装车工作由乙方负责，卸车工作由收货人负责，在装卸过程中发生的一切责任由装、卸方承担。

第七条：收货人领取货物及验收办法。收货人凭有效证件、单据（或凭据）与乙方对证验收，领取货物。

第八条：收费标准与费用结算方式。甲方收到乙方所提供的符合本合同约定的单据后，在每月 15 日结算上月的费用。

第九条：双方的权利和义务。

（一）**甲方的权利与义务**

1. 甲方的权利

（1）负责将货物配齐，要求乙方按照约定的时间、地点、收货人，把货物配送到目的地。配送通知发乙方后，甲方需变更到货地点、收货人或者取消通知时，有权向乙方提出，但必须在货物未运到目的地之前，并应按有关规定付给乙方费用。

（2）有权对乙方的配送货过程进行监督、指导。

（3）委托的货物应遵守国家有关法律的规定，并符合包装标准。

2. 甲方的义务

（1）按约定时间向乙方交付配送费用。

（2）应向乙方提供有关配送货业务的相应单据文件（包括产品、型号、数量、客户准确地址及电话号码、联系人等）。

（3）指派专人负责与乙方联系并协调配送货过程中的有关事宜。

（4）合同期内，乙方是甲方省内区域（包括市郊）的惟一配送商，未经乙方同意，甲方不得另寻配送商，否则，乙方可解除合同。

（二）乙方的权利和义务

1. 乙方的权利

向甲方收取配送费用。查不到收货人或收货人拒绝领取货物时，乙方及时与甲方联系，在规定期限内负责保管并有权向甲方收取保管费用。

2. 乙方的义务

（1）根据甲方的业务需要与发展，提供相应的运输能力，即提供不同的厢车。

（2）在 24 小时内，将货物运到指定的地点，按时向收货人发出货物到达的通知。对托运的货物要负责安全，保证货物无短缺、无损坏。在货物到达以后，按规定的期限负责保管。

（3）乙方应在甲方指定的地点提取货物，在装货过程中，乙方的驾驶员应负责进行监装，对装货过程中的不当操作有责任指出并纠正，乙方将货物送往甲方指定的目的地和收货人，由收货人、乙方司机双方签字盖章确认。交货时如发现产品损坏或产品、数量、型号、规格不符等问题，乙方应要求收货人注明，收货人所盖印章应为商家签订的配送委托书规定的公章或收货专用章，乙方凭甲方认可的配送反馈单与甲方进行结算。

第十条：违约责任。

1．甲方责任

（1）不按时与乙方结算配送费用，每超过一天偿付给乙方当月结算费用 1%的违约金，但由于乙方提供的结算单据不及时除外。

（2）因甲方原因，造成乙方的承运车不能及时返回，甲方应根据当次加付运费 10%作为补偿金（规定卸货时间为 2 小时）。

（3）甲方有负责为乙方营造良好的服务环境，如甲方员工在货物配送过程中发生以下现象之一的，甲方应向乙方支付违约金 200 元/次：①不按预约时间装卸货物。②装卸货物过程中有野蛮装卸行为，乙方指出后，甲方工作人员不及时更改。③甲方协调不到位，造成乙方被投诉。④甲方发错货，造成乙方承运货物到达商场后，商场拒收，返程运费由甲方支付。

（4）由于在货物中夹带、匿报危险货物，而招致货物破损、爆炸，造成人身伤亡的，甲方应承担由此造成的一切责任。

2．乙方责任

（1）乙方送货到达时间每晚于规定时间一天，应向甲方支付当次运输费 10%的违约金（阻车、修路、交通管制除外）。因乙方原因致使送达目的地错误，应自费将货物送达甲方要求的目的地，因此给甲方造成的损失由乙方负责赔偿。

（2）经双方确认，货物在运输途中造成的破损、遗失、短缺等任何损失，由乙方负责赔偿，赔偿值按批发价计算，且乙方不得擅自拆除货物并重新包装，因以上原因造成甲方违约或其他损失的，由乙方负责赔偿。

（3）乙方有责任为甲方提供优质服务，如乙方员工在货物配送过程中发生以下现象之一的（属于乙方责任造成的），乙方应向甲方支付违约金 200 元/次，同时乙方应继续履行本合同：①不按时运送货物，造成用户投诉。②在运输过程中，损坏货物并强行留给用户，造成用户投诉。③在装卸货物中，司机刁难用户，造成用户投诉。④在运送过程中，送错货物，造成用户投诉。

（4）在符合法律和合同规定条件下的运输，由于下列原因造成货物灭失、短少、损坏的，乙方不承担违约责任：①不可抗力。②货物本身的自然属性。③甲方或收货人本身的过错。

3．其他

（1）甲方仅支付乙方运费。在运输途中发生的其他一切费用（如过路、过桥费等）全部由乙方负责，具体支付标准详见合同附件《价格表》。

（2）双方不能以任何形式向公众透露对方的商业机密，否则，由此引起的任何损失（如名誉受损、经济受损等）均由泄密方负责赔偿。

（3）因不可抗力的原因，影响本合同不能履行、部分不能履行或延期履行时，遇有不可抗力事故的一方，应立即将事故情况通知对方，并详细提供事故详情及造成合同不能履行、部分不能履行或者延期履行的理由和所有相关的文件资料。

（4）一方违约，另一方有权以书面形式通知对方解除本合同或双方签订的其他合同、协议，合同自发出通知之日起 30 天后解除，由违约方承担违约责任。

（5）自本合同生效之日起，甲乙双方原先签订的产品配送合同自动作废。

本合同如有未尽事宜，应由双方协商解决；协商不成时，双方同意提交人民法院解决。

本合同一式六页，一式二份，合同双方各执一份。

甲　　方：××××××。	乙　　方：××××××。
地　　址：××××××。	地　　址：××××××。
代　　表：××××××。	代　　表：××××××。
电　　话：××××××。	电　　话：××××××。
开户银行：××××××。	开户银行：××××××。
账　　号：××××××。	账　　号：××××××。

这是一份真实的物流配送合同，当双方签订合同后，各自就应按照合同的内容，履行自己的义务和责任。实际工作中物流配送种类繁多，内容各不相同。了解配送合同的主要内容，便于今后在工作中明确配送双方的义务和责任，做好配送工作。

能力知识点1　理解配送合同的含义、类型

一、配送合同的含义

配送合同是配送人根据用户需要为用户配送商品，用户支付配送费的合同。用户是配送活动的需求者，配送人是配送活动的提供者。作为配送活动需求者的用户，既可能是销售合同中的卖方，也可能是买方，甚至可能是与卖方或买方签订了综合物流服务合同的物流企业。作为配送活动提供者的配送人，则既可能是销售合同中的卖方，也可能是独立于买卖双方的第三方物流企业。配送费是配送人向用户配送商品而取得的报酬。

二、配送合同的类型

（1）配送服务合同：配送服务合同是指配送人接收用户的货物，予以保管，并按用户的要求对货物进行拣选、加工、包装、分割、组配作业，最后在指定时间送至用户指定地点，由用户支付配送服务费的合同。这是一种单纯的提供配送服务的合同，双方当事人仅就货物的交接、配货、运送等事项规定各自的权利、义务，不涉及货物所有权。在配送服务实施的过程中，货物所有权不发生转移，自始至终均属于用户所有；只发生货物物理位置的转移和物理形态的变化。配送人不能获得商品销售的收入，仅因提供了存储、加工、运送等业务而获得服务费收益。案例导入一中的长江物流配送中心与某乳业集团签订的配送合同就是配送服务合同，长江物流配送中心负责该乳业集团在长沙区域内的鲜奶配送工作。

（2）销售配送合同：销售配送合同是指配送人在将物品所有权转移给用户的同时为用户提供配送服务，由用户支付配送费（包括标的物价款和配送服务费）的合同。具体而言，销售配送合同又可以分为以下两类：

1）销售企业与购买人签订的销售配送合同，在上述销售配送及销售—供应一体化配送中，销售企业与购买人签订的合同就是销售配送合同。销售企业出于促销目的，在向用户出售商品的同时又向其承诺提供配送服务。在这种配送合同中，销售企业向用户收取费用时，可能只收取商品的价款金额，而不另收配送服务费，如为促销而进行的一次性配送服务；也可能在商品价款之外，再收取一定数额的配送服务费。

2）物流企业与用户签订的销售配送合同，是一种商流合一的配送服务形式。用户将自己需要的产品型号、种类、要求、规格、颜色和数量等信息提供给物流企业，由物流企业负责按此订货、购货（包括原材料、零部件等）、配货及送货。在这种方式中，物流企业与用户签订的配送合同，除约定配送人向用户提供配送服务外，还会就特定货物的交易条件达成一致。实质上，它是买卖合同与配送服务合同紧密结合的有机体。

配送合同包含买卖、仓储、运输、承揽和委托等合同的某些特点：

1）配送合同在一定情况下包含买卖合同的某些特点，但配送合同不是单纯的买卖合同。

2）配送合同具有仓储合同的某些特点，但配送合同不是单纯的仓储合同。

3）配送合同具有货物运输合同的某些特点，但配送合同不是单纯的运输合同。

4）配送合同具有承揽合同的某些特点，但不是单纯的承揽合同。

5）配送合同在一定情形下具有委托合同的某些特点，但配送合同不是单纯的委托合同。

能力知识点 2　掌握配送合同的内容

一、配送服务合同的主要内容

1）配送人与用户的名称或者姓名和住所。这是配送合同应具备的一般条款，以确定双方当事人的身份和联系方式。

2）服务目标条款，即配送服务应实现的用户特定的经营、管理和财务目标。

3）服务区域条款，即约定配送人向用户提供配送服务的地理范围的条款，配送人据此安排其运力。

4）配送服务项目条款。该条款主要是就配送人的服务项目进行明确具体的约定，包括用户需要配送人提供配送的商品品种、规格、数量等；还包括用户需要配送人提供哪些具体的配送作业，如是否需要加工、包装等。

5）服务资格管理条款，即约定配送人为实现配送服务目标应具备的设施、设备，以及相关设施、设备的管理、操作标准等条款。

6）交货条款，既包括用户将货物交付给配送人的环节，也包括配送人将货物配送交付给用户或其指定的其他人这一环节。双方应就交货的方式、时间、地点等进行约定。

7）检验条款。货物检验发生在两个环节：一是用户将货物交付给配送人时的验收；二是配送人向用户或用户指定人交付货物时的验收。检验条款应规定验收时间、检验标准，以及验收时发现货物残损的处理。

8）配送费及支付条款。该条款主要规定配送人服务报酬的计算依据、计算标准以及配送费的支付时间、支付方式。

9）合同期限条款。

10）合同变更与终止条款，即约定当事人在合同存续期间得以变更、终止合同的条件，以及变更或终止合同的处理。

11）违约责任条款。

12）争议解决条款。

配送合同的法律适用：它是无名合同，根据服务的具体内容可分别适用于其服务合同的规定。

二、销售配送合同的主要内容

1）当事人的名称和地址。

2）商品的名称和品质条款。

3）加工条款，即双方关于配送人对商品进行拣选、组配、包装等的约定。

4）送货条款。该条款约定配送人送货的数量和批次、送货时间和地点等内容。

5）检验条款。

6）价格与报酬条款。该条款约定配送人向用户出售商品的价格和配送服务报酬的计算。双方当事人可以将配送费计入商品价格统一计算，也可以分别约定。

7）结算条款。

8）合同变更与终止条款。

9）违约责任条款。

10）争议解决条款。

能力知识点3　明确物流企业在配送活动中的法律地位

一、物流企业在配送服务合同中的权利和义务

1. 物流企业在配送服务合同中的权利

1）要求用户支付配送费的权利。

2）要求用户按约定提供配送商品的权利。

3）要求用户及时接受货物的权利。

4）要求用户协助的权利，即要求用户提供有关配送业务的单据文件的权利。

2. 物流企业在配送服务合同中的义务

1）安全并及时供应的义务。

2）按约定理货的义务。

3）告知义务。

二、物流企业在销售配送合同中的权利和义务

1. 物流企业在销售配送合同中的权利

1）要求用户支付配送费的权利。

2）要求用户及时受领货物的权利。

3）要求用户协助的权利。

2. 物流企业在销售配送合同中的义务

1）及时提供符合合同约定货物的义务。

2）转移货物所有权的义务。

3）告知义务。

三、物流企业作为用户在配送服务合同中的权利和义务

1. 物流企业作为用户在配送服务合同中的权利

由于配送服务合同是双务有偿合同，物流企业作为配送服务合同用户的权利实际上就是配送服务合同中配送人的义务；而物流企业作为配送服务合同用户的义务实际上就是配送服务合同中配送人的权利。

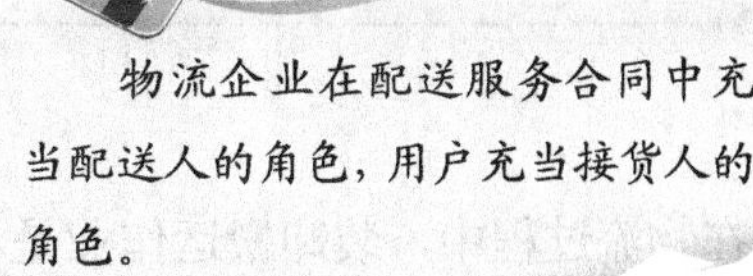

物流企业在配送服务合同中充当配送人的角色，用户充当接货人的角色。

2. 物流企业作为用户在配送服务合同中的义务

为客户提供含货物配送的综合物流服务的综合物流企业 A，如果自身没有配送中心及相关设施，或者自身的配送中心及相关设施不足，就会将全部或者部分配送业务外包给其他具有配送能力的物流企业 B。此时，综合物流企业 A 就要作为用户与物流企业 B 签订配送服务合同，从而在配送服务合同中享有用户的权利，承担用户的义务。

活动建议

调查一家大型商业企业，看它是如何做好商品配送的。

第五单元　装卸搬运法律法规

本单元学习导引图

装卸搬运法律法规

- **了解装卸搬运实务**
  - 了解装卸搬运的概念、组成、特点、分类及搬运合理化的原则
  - 明确物流企业在装卸搬运中的法律地位及作用
- **了解港口、铁路、公路、集装箱码头装卸搬运作业中的法律法规**
  - 明确港口装卸搬运作业中的法律法规
  - 明确铁路、公路装卸搬运作业中的法律法规
  - 掌握集装箱码头装卸搬运作业中的法律法规

综合知识模块一

了解装卸搬运实务

在物流过程中，装卸搬运作业是不断出现和反复进行的，它出现的频率高于其他各项物流活动。产品在由生产到消费的流通过程中，装卸搬运作业是不可缺少的重要环节。它是物流系统的构成要素之一，是为采购、配送、运输和保管的需要而进行的作业。每次装卸搬运作业都要花费很长时间，所消耗的人力也很多，装卸搬运作业虽然不直接创造价值，但是，装卸搬运作业效率的高低会直接影响物流整体的效率，所以它是决定物流速度和物流成本的关键，是决定物流技术经济效果的重要环节。因此，合理的装卸搬运作业是提高物流效率的重要手段之一。

案例导入

长江物流服务公司（以下简称长江公司）为武汉俏佳人制衣厂的服装出口提供长期国际综合物流服务，即由长江公司进行服装包装，安排国际联运以及到货配送。2009 年 10 月 10 日，长江公司对包括俏佳人制衣厂等在内的 6 家货方提供服务，将其货物同船承运，其中，提单号为 WH20091010—WH20091010 的货物为俏佳人服装。当在上海港装船时，集装箱脱落，掉入海中，致使提单号为 WH20091010—WH20091010 的货物遭海水浸泡。俏佳人制衣厂的货物损失应该由谁来承担？

能力知识点1　了解装卸搬运的概念、组成、特点、分类及搬运合理化的原则

一、装卸搬运的概念及组成

1. 装卸搬运的概念

装卸搬运事实上包括装卸和搬运两部分。在同一地域范围内（如车站机场、港口码头、工厂、仓库等）以改变“物”的存放、支承状态的活动称为装卸，即通过装卸完成物品在指定地点进行的垂直方向的移动；而在同一地域范围内，以改变“物”的空间位置的活动称为搬运，即通过搬运活动完成的是在同一场所内物的水平方向或斜向的移动。由于装卸、搬运这两者通常是密不可分的，是伴随在一起发生的，所以我们将这两者全称为装卸搬运。

总的来说，装卸搬运是指在同一地域范围内进行的，以改变物品的存放状态和空间位置为主要内容和目的的活动。这一作业活动包括货物的装载、卸货、移动、货物堆码上架、取货、备货、分拣等作业以及连接上述各项运作的短程输送，是随运输和仓储等活动而产生的必要活动。

在物流科学中，并不过分强调两者的差别，而是作为一种活动来对待。实际上，有时候在特定场合，单称“装卸”或单称“搬运”也包含了“装卸搬运”的完整涵义。区别于运输活动，装卸搬运是在同一地域的小范围内发生的；而运输则是在较大范围内发生的，即运输活动是在物流结点之间进行的；而装卸搬运则是在物流结点内进行的，是短距离的移动。

2. 装卸搬运的组成

1）堆垛拆垛作业：堆垛（或称装上、装入）作业是指把货物移动或举升到装运设备或固定设备的指定位置，再按所要求的状态放置的作业；拆垛（或称卸下、卸出）作业则是堆垛作业的逆向作业。例如，用叉车进行叉上叉下作业，将货物托起并放置到指定位置场所（如卡车车厢、集装箱内、货架或地面上等）；利用各种形式的吊车进行吊上吊下作业，将货物从轮船货仓、火车车厢、卡车车厢吊出或吊进等。

2）分拣配货作业：分拣是指在堆垛作业前后或配送作业之前把货物按品种、出入先后、货流进行分类，再放到指定地点的作业。配货是指把货物从所在的位置按品种、下一步作业种类、发货对象进行分类的作业。

3）搬运移送作业：搬运移送作业是指为了进行装卸、分拣、配送活动而发生的移动物资的作业，包括水平、垂直、斜行搬送，以及几种组合的搬送。

4）其他作业：如贴标签、拴卡片、分类、理货等作业。

二、装卸搬运的特点

1）装卸搬运是附属性、伴生性的活动。装卸搬运是物流过程中每一项活动开始及结束时必然发生的一项活动，经常被视为其他操作不可缺少的组成部分。

2）装卸搬运是支持、保障性的活动。装卸搬运对其他物流活动有一定的决定性，装卸搬运会影响其他物流活动的质量和速度。许多物流活动只有在有效的装卸搬运支持下，才能实现高水平、高效率。

3）装卸搬运是衔接性的活动。在其他物流活动相互过渡时，一般都是以装卸搬运来衔接的，它是物流各环节之间能否形成有机联系和紧密衔接的关键。

4）装卸搬运是增加物流成本的活动。任何一次装卸搬运活动都要消耗一定的人力、物力，因此，必然会增加物流成本。

三、装卸搬运的分类

1. 按装卸搬运的手段分类

1）人工装卸搬运，即使用人力进行装卸搬运。

2）机械化装卸搬运，即采用各种装卸搬运机械进行工作，完成装卸搬运的活动。

3）综合装卸搬运，即各种装卸搬运设备、设施相配合，以电子计算机管理为中心的自动化控制系统。

国际标准化组织（ISO）对作为运输工具的货物集装箱的要求：具有足够的强度，能长期反复使用；途中转运不需移动箱内货物，可以直接换装；有适当装置，可进行快速装卸，并可以从一种运输工具直接方便地换装到另一种运输工具；便于货物存放取出；具有1m3以上的容积。

2. 按装卸搬运的机械及机械作业方式分类

1）吊装吊卸（垂直装卸）。

2）滚装滚卸（水平装卸）。

3. 按装卸搬运施行的地点分类

1）港口装卸。

2）铁路站点装卸。

3）汽车站点装卸。

4）一般仓库装卸。

4. 按装卸搬运的作业特点分类

1）连续装卸。

2）间歇装卸。

专用集装箱是指具有集装箱的基本结构，但为满足不同专业领域的特殊需要而装有各种专用设备或有特殊构造的集装箱。具体包括：保温集装箱、通风集装箱、罐式集装箱、动物集装箱、汽车集装箱。

四、装卸搬运合理化的原则

1）防止和消除无效作业的原则。

2）适当搬运活性的原则。

3）省力化原则。

4）机械化原则。

5）顺畅化原则。

6）短距化原则。

7）集装单元化原则。

8）人格化原则。

9）提高综合效果的原则。

能力知识点2 明确物流企业在装卸搬运中的法律地位及作用

一、根据合同亲自完成装卸搬运活动的物流企业的法律地位

物流企业根据物流服务合同的要求需要完成装卸搬运，并且亲自完成装卸搬运时，其在装卸搬运过程中即处于装卸搬运经营人的地位。根据搬运类型的不同，可能为港口经营人、铁路装卸搬运经营人、装卸搬运经营人。物流企业根据物流服务合同及相关法律法规享有权利并承担义务。

二、需要完成但不亲自完成装卸搬运环节的物流企业的法律地位

物流企业根据物流服务合同的要求需要完成装卸搬运，但不亲自完成装卸搬运时，是通过在装卸搬运作业过程中委托专业的装卸公司来实际完成装卸作业的，从而物流企业处于装卸搬运作业委托人的地位。物流企业根据物流服务合同、装卸作业合同及相关法律法规享有权利，承担义务。

三、装卸搬运在物流中的作用

在物流过程中，物流系统各个环节的先后或同一环节的不同活动之间，都必须进行装卸搬运作业。装卸活动是不断出现和反复进行的，它出现的频率高于其他各项物流活动，往往成为决定物流速度的关键。具体来说，装卸搬运在物流中具有如下作用：

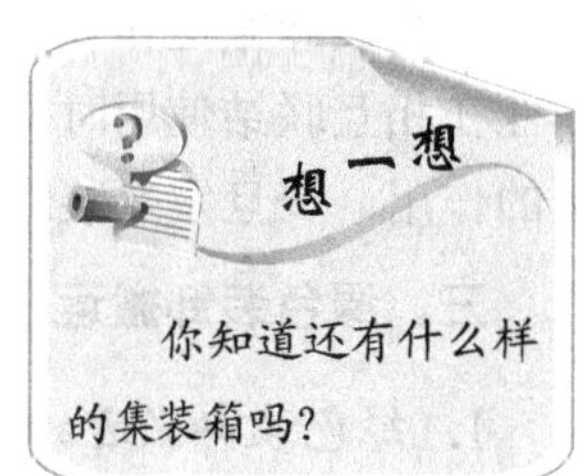

（1）装卸搬运是控制物流费用的重要环节：它的活动是随着运输和保管等活动而产生的必要活动。在物流过程中，每次装卸搬运活动都要花费很长时间，这是决定物流速度和成本的关键。

（2）装卸搬运是影响物流效率的重要环节：在整个物流过程中，装卸搬运活动是不断出现和反复进行的，它出现的频率高于其他各项物流活动，在物流体系中所占的时间是很多的。

（3）装卸搬运是降低产品损坏率的重要环节：进行装卸搬运操作时需要接触货物，这是在物流过程中造成货物破损、散失、损耗、混合等损失的主要环节。

活动建议

到物流仓库参观，观察工作人员操作情况。

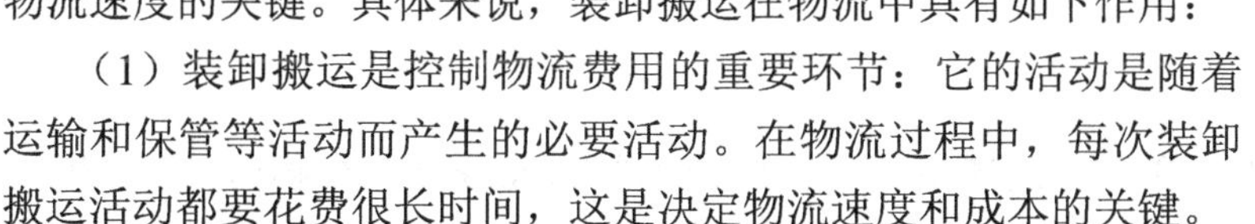

知识拓展　合理地规划装卸搬运作业

一、推广组合化装卸搬运

在装卸搬运作业过程中，根据不同物料的种类、性质、形状、重量来确定不同的装卸作业方式。处理物料装卸搬运的方式有三种：①普通包装的物料逐个进行装卸，叫做“分块处理”。②将颗料状物料不加小包装而原样装卸，叫做“散装处理”。③将物料以托盘、集装箱、集装袋为单位进行组合后进行装卸，叫做“集装处理”。对于包装的物料，尽可能进行“集装处理”，实现单元化组合装卸搬运，可以充分利用机械进行操作。

组合化装卸具有很多优点：

1）装卸单位大、作业效率高，可大量节约装卸搬运作业时间。

2）能提高物料装卸搬运的灵活性。

3）操作单元大小一致，易于实现标准化。

4）不用手去触及各种物料，可达到保护物料的效果。

二、合理地规划装卸搬运作业过程

合理地规划装卸搬运作业过程是指对整个装卸搬运作业的连续性进行合理的安排，以减少运距和装卸次数。

装卸搬运作业现场的平面布置是直接关系到装卸、搬运距离的关键因素，装卸搬运机械要与货场长度、货位面积等互相协调。要有足够的场地集结货物，并满足装卸搬运机械工作面的要求，场内的道路布置要为装卸搬运创造良好的条件，有利于加速货位的周转。装卸搬运作业现场的平面布置，目的是使装卸搬运距离达到最小，减少装卸搬运距离是平面布置最理想的目标。

提高装卸搬运作业的连续性应做到：作业现场装卸搬运机械合理衔接；不同的装卸搬运作业在相互联结使用时，力求使它们的装卸搬运速率相等或接近；充分发挥装卸搬运调度人员的作用，一旦发生装卸搬运作业障碍或停滞状态，立即采取有力的措施补救。

三、绿色装卸搬运

1. 绿色装卸搬运的概念

绿色装卸搬运是指为尽可能减少装卸搬运环节产生的粉尘、烟雾等污染物而采取的现代化的装卸搬运手段及措施。

2. 绿色装卸搬运的措施

1）要消除无效搬运。要提高搬运纯度，搬运必要的物品，如有些物品去除杂质之后再搬运是比较合理的；避免过度包装，减少无效负荷；提高装载效率，充分发挥搬运机器的能力和装载空间；中空的物品可以填装其他小物品再进行搬运；减少倒搬次数，作业次数增多不仅浪费人力、物力，还增加物品损坏的可能性，更重要的是无效搬运次数的增加会使装卸搬运中的粉尘增加，对环境造成污染。

2）要提高搬运活性。放在仓库的物品都是待运物品，应使之处在易于移动的状态（即搬运活性，是指物品进行装卸搬运作业的方便性）。物品放置时要有利于下次搬运，如装于容器内。在装上时要考虑便于卸下，在入库时要考虑便于出库，还要创造易于搬运的环境和使用易于搬运的包装。这样做一方面提高了装卸搬运效率；另一方面也减少了可能造成的污染程度。

3）注意货物集散场地的污染防护工作。在货物集散地要尽量减少泄露和损坏，杜绝粉尘；清洗货车的废水要在处理后排出，以防为主、防治结合。在货物集散地要采用防尘装置，制订最高容许度标准；废水应集中收集、处理和排放，加强现场的管理和监督。

综合知识模块二

了解港口、铁路、公路、集装箱码头装卸搬运作业中的法律法规

我国物流方面的立法还处于起步阶段，专门的关于装卸搬运作业的法律法规目前尚未存在，但由于装卸搬运与运输、仓储、配送活动紧密相关，因此要受到制约。与这些相关活动的法律法规和装卸搬运内容有关的条款约束，如《中华人民共和国民法通则》、《中华人民共和国合同法》、《中华人民共和国海商法》、《中华人民共和国劳动法》、《港口货物作业规则》、《水路货物运输规则》、《铁路货物运输管理规则》和《汽车货物运输规则》等有关内容制约。至于国际公约和国际惯例，则主要有《联合国国际贸易运输港站经营人赔偿责任公约》、《国际海协劳工组织集装规则》和《国际铁路货物联运协定》等。

案例导入一

2008 年 7 月 24 日，由天津港码头货柜承运江门顺奇贸易发展公司的货物运抵天津港码头货柜。珠江货代公司与天津港码头货柜签订了长期港口货物作业合同，本次货物天津港码头货柜仍委托珠江货代公司卸货。但珠江货代公司在码头卸货时，致使包装箱破损，箱内货物丢失。由于货物无法找到，天津港码头货柜多次催促顺奇贸易发展公司提货，均得到拒绝，收货人拒不提货，截至 2009 年 8 月 15 日，产生码头费用 50 000 元。顺奇贸易发展公司的损失由谁承担？码头费用由谁承担？

案例导入二

2009 年 5 月，水果批发商老刘与广西铁路局签订运输合同，委托铁路部门从广西运往长春一批香蕉。香蕉到达长春站，老刘临时雇人卸货，卸货时老刘不在现场，装货工人野蛮装卸，致使大量香蕉摔坏。待老刘返回现场时，损失惨重，老刘痛苦万分。老刘的损失谁来承担？

案例导入三

贸祥公司（以下称发货人）将装载大米的6个集装箱委托财运货运代理公司（以下称货代）由哈尔滨通过铁路拖运到大连装船去威海，集装箱在大连站卸车后再通过水路运抵交货地（威海）。集装箱在大连装船后，船公司又签发了以货代为托运人的海运提单，提单记载装船港大连、卸船港威海。集装箱在大连站卸船时，6个集装箱中有1个外表状况有较严重破损，货代在大连港的代理与船方代理对此破损做了记录，并由双方在破损记录上共同签字。集装箱在运抵威海后，收货人开箱时发现外表有破损的集装箱内大米已严重受损。收货人的损失应该由谁承担？

能力知识点1　明确港口装卸搬运作业中的法律法规

一、港口货物作业合同的概念

港口货物作业合同是指港口经营人在港口对水路运输货物进行装卸、搬运、储存、装拆集装箱等作业，作业委托人支付作业费用的合同。当物流企业不亲自对货物实施装卸搬运作业时，即需要与专业的装卸公司就某一港口的货物装卸搬运签订作业合同，该合同即属于港口货物作业合同。港口经营人，是指与作业委托人订立作业合同的人。作业委托人，是指与港口经营人订立作业合同的人。货物接收人，是指作业合同中，由作业委托人指定的从港口经营人处接收货物的人。

港口经营人是指接受货主、承运人或其他有关方的委托，在港口对水路运输货物提供或安排堆存、包储、搬运、装卸、积载、平舱、隔垫和绑扎等有关服务的人。

案例导入一中，天津港码头货柜为港口经营人，珠江货代公司为作业委托人，顺奇贸易发展公司为货物接收人。

二、港口作业合同的主要内容和形式

1）根据《港口货物作业规则》的规定，港口货物作业合同的主要内容包括：

① 作业委托人、港口经营人和货物接收人名称。

② 作业项目。

③ 货物名称、件数、重量、体积（长、宽、高）。

④ 作业费用及其结算方式。

⑤ 货物交接的地点和时间。

⑥ 包装方式。

⑦ 识别标志。

⑧ 船名、航次。

⑨ 起运港（站、点）（以下简称起运港）和到达港（站、点）。

⑩ 违约责任。

⑪ 解决争议的方法。

以上的合同条款并不是每个作业合同都必须订立的条款。根据《合同法》的规定，除合同成立所必需的条款外，缺少其他条款并不会影响合同的效力。

2）港口货物作业合同可以采用口头形式、书面形式或其他形式。虽然《港口货物作业规则》规定可以采用口头的方式订立合同，但是由于口头合同在操作上的不便，在实践中应该尽量避免，以防止遭受不必要的损失或者产生不必要的纠纷。一般采用书面形式，如图 5-1 所示。

港口货物作业合同

<table>
<tr><td rowspan="2">作业委托人</td><td>名　　称</td><td colspan="2"></td><td rowspan="2">港口经营人</td><td colspan="2">名　　称</td><td></td></tr>
<tr><td>地址、电话</td><td colspan="2"></td><td colspan="2">地址、电话</td><td></td></tr>
<tr><td rowspan="2">货物接收人</td><td>名　　称</td><td colspan="2"></td><td rowspan="2">作业项目</td><td colspan="3" rowspan="2"></td></tr>
<tr><td>地址、电话</td><td colspan="2"></td></tr>
<tr><td colspan="2" rowspan="2">船名：</td><td colspan="2" rowspan="2">航次：</td><td colspan="3" rowspan="2">货物交接：
地点和时间：</td><td>接收：</td></tr>
<tr><td>交付：</td></tr>
<tr><td colspan="4">起运港：</td><td colspan="4">到达港</td></tr>
<tr><td>提/运单号</td><td>识别标志</td><td>货物名称</td><td>件数</td><td>包装方式</td><td>重量（吨）</td><td>体积（长、宽、高）（立方米）</td><td>作业费用及其结算方式</td></tr>
<tr><td></td><td></td><td></td><td></td><td></td><td></td><td></td><td></td></tr>
<tr><td colspan="8">其他约定：
凡因本合同引起的或与本合同有关的任何争议，均应提交中国海事仲裁委员会进行仲裁。仲裁裁决是终局的，对双方均有约束力。</td></tr>
<tr><td colspan="8">作业委托人、港口经营人、货物接收人的有关权利、义务，适用《港口货物作业规则》。</td></tr>
</table>

图 5-1　港口货物作业合同

三、物流企业在港口装卸搬运作业中的权利和义务

1. 自行进行港口作业的物流企业应承担的权利和义务

1）按照作业合同的约定，根据作业货物的性质和状态，配备适合的机械、设备、工具、库场，并使之处于良好的状态。

2）在单元滚装装卸作业中，物流企业应当提供适合滚装运输单元候船待运的停泊场所、上下船舶和进出港的专用通道；保证作业场所的有关标志齐全、清晰，照明良好；配备符合规范的运输司乘人员及旅客的候船场所。旅客与运输单元上下船和进出港的通道应当分开。

3）按照合同的要求进行装卸搬运作业。

2. 物流企业（如案例导入一中的天津港码头货柜）委托他人（如案例导入一中的珠江货代公司）进行港口装卸搬运作业时应承担的权利和义务

1）及时办理港口装卸搬运作业所需的各种手续，因办理各项手续和有关单证不及时、不完备或者不正确，造成港口经营人工作时间延误或其他损失的，物流企业应当承担赔偿责任。

2）对有特殊装卸搬运要求的货物，应当与港口经营人约定货物装卸搬运的特殊方式和条件。

3）以件为单位进行装卸搬运的货物，港口经营人验收货物时，发现货物的实际重量或者体积与物流企业申报的重量或者体积不符时，物流企业应当按照实际重量或者体积支付费用并向港口经营人支付超重等费用。

4）对危险货物的装卸搬运作业，物流企业应当按照有关危险货物运输的规定妥善包装，制作危险品标志和标签，并将其正式名称和危害性质以及必要时应当采取的预防措施书面通知港口经营人。

物流企业未按照上述 4）的规定通知港口经营人或者通知有误的，港口经营人可以在任何时间、任何地点根据情况需要停止装卸搬运作业、销毁货物或者使之不能为害，而不承担赔偿责任。物流企业对港口经营人经营此类货物所受到的损失，应当承担赔偿责任。港口经营人知道危险货物的性质并且已同意作业的，仍然可以在该项货物对港口设施、人员或者其他货物构成实际危险时，停止作业、销毁货物或者使之不能为害，而不承担赔偿责任。

作业合同约定港口经营人从第三方接收货物进行装卸搬运作业的，物流企业应当保证第三方按照作业合同的约定交付货物。

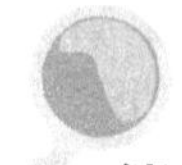

能力知识点 2　明确铁路、公路装卸搬运作业中的法律法规

一、铁路装卸搬运作业中所涉及的法律问题

同其他物流环节涉及的法规相同，铁路装卸搬运法规也是散布在各个法规中。在法律层次上，《民法通则》、《铁路法》、《合同法》中的许多规定都适用于铁路装卸搬运。在部门规章中，中华人民共和国铁道部颁布了《铁路货物运输管理规则》、《铁路装卸作业安全技术管理规则》。在《铁路装卸作业安全技术管理规则》中规定了铁路装卸搬运中应该遵守的技术标准，其第 4 章还专门规定了装车和卸车。除此之外还存在着各种国家标准，如《铁路装卸作业标准》等。与铁路装卸搬运作业有关的法律适用同港口装卸搬运的法律适用的原则是相同的。物流企业在铁路装卸搬运中的权利义务和委托他人进行铁路装卸搬运作业时的权利义务是不同的。

1. 自行进行铁路装卸搬运作业的物流企业的权利和义务

1）装车前，应该认真检查车体（包括透光检查）、车门、车窗、盖阀是否完整良好。

2）认真核对待装货物的品名、件数，检查标志、标签和货物状态；对集装箱还应检查箱内装载情况，检查箱体、箱号和封印。

3）装车后，认真检查车门、车窗、盖、阀的关闭、拧固和装载加固情况；需要填制货车装载清单及标画示意图的，应按规定填制；需要施封的货车，按规定施封；对装载货物的敞车，要检查车门插销、底开门搭扣和篷布苫盖、捆绑情况；装载超限、超长、集重货物，应按装载加固定型方案或批准的装载加固方案检查装载加固情况。

4）货物装车或卸车，应在保证货物安全的条件下，积极组织快装、快卸，昼夜不间断地作业，以缩短货车停留时间，加速货物运输。

5)等待装车或者从机车上卸下的货物存放在装卸场所内时,应距离货物线钢轨外侧 1.5m 以上，并应堆放整齐、稳固。

2. 委托他人进行铁路装卸搬运作业的物流企业的权利和义务

1）及时办理检验、检疫、公安和其他铁路装卸搬运作业所需的各种手续。

2）按照合同提供约定的货物。合同约定铁路装卸搬运作业人从第三方接收货物进行装卸搬运作业的，物流企业应当保证第三方按照作业合同的约定交付货物。

3）按照合同支付相应的费用。

案例导入二中，老刘的损失应由自己承担，该损失是因管理疏忽，对临时雇佣的工人无任何约束措施造成的。

二、公路装卸搬运作业中所涉及的法律问题

公路装卸搬运所涉及的法规，在法律层面上包括《民法通则》、《中华人民共和国公路法》；在部门规章的层面上包括中华人民共和国交通运输部颁布的《公路货物运输合同实施细则》、《汽车货物运输规则》等一系列法规。其中，中华人民共和国交通运输部在《公路汽车货物运输规则》中第 4 章规定了公路装卸搬运所应该遵守的规则，从规定上看公路装卸搬运与铁路装卸搬运有很多相似之处。装卸搬运作业有关的法律适用同港口装卸搬运的法律适用的原则相同。自行进行公路装卸搬运作业的物流企业和委托他人进行公路装卸搬运作业的物流企业的权利和义务是不同的。

1. 自行进行公路装卸搬运作业的物流企业的权利和义务

1）应对车厢进行清扫，保证车辆、容器、设备适合装卸货的要求。

2）装卸搬运作业应当轻装轻卸，堆码整齐；清点数量；防止混杂、散漏、破损；严禁有毒、易污染物品与食品混装，危险货物与普通货物混装。

3）对性质不相抵触的货物，可以拼装、分卸。

4）装卸搬运危险货物，应按中华人民共和国交通运输部《汽车危险货物运输、装卸作业规程》进行作业。

5）装卸搬运作业完成后，货物需绑扎苫盖篷布的，装卸搬运人员必须将篷布苫盖严密，绑

扎牢固，编制有关清单，做好交接记录，并按有关规定施加封志和外贴等有关标志。

6）应当认真核对装车的货物名称、重量、件数是否与运单上记载相符，包装是否完好。

2. 委托他人进行公路装卸搬运作业的物流企业的权利和义务

1）及时办理检验、检疫、公安和其他货物运输和公路装卸搬运作业所需的各种手续。

2）按照合同提供约定的货物。合同约定公路装卸搬运作业人从第三方接收货物进行作业的，物流企业应当保证第三方按照作业合同的约定交付货物。

3）按照合同支付费用。

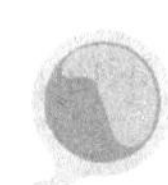

能力知识点 3　掌握集装箱码头装卸搬运作业中的法律法规

集装箱码头装卸搬运作业是指集装箱船舶装卸以及集装箱船舶装卸作业前和所进行的一系列作业，主要包括集装箱装卸船作业、堆场作业、货运站作业。集装箱装卸船作业是指将集装箱装上、卸下船舶的作业；堆场作业是指对集装箱在堆场内进行搬运、装卸等的作业；货运站作业是指集中、分散集装箱的作业。

一、物流企业在集装箱码头装卸搬运作业中的权利义务

与普通港口装卸搬运相比，物流企业在集装箱码头装卸搬运作业中有一些特殊的权利义务，具体包括：

1）自行进行集装箱码头装卸搬运作业的物流企业所承担的义务。

2）应使装卸机械及工具、集装箱场站设施处于良好的技术状况，确保集装箱装卸、运输和堆放安全。

3）物流企业在装卸过程中应做到：稳起稳落、定位放箱，不得拖拉、甩关、碰撞。起吊集装箱要使用吊具；使用吊钩起吊时，必须四角同时起吊；起吊后，每条吊索与箱顶的水平夹角应大于 45°。随时关好箱门。

4）物流企业如发现集装箱货物有碍装卸搬运作业安全时，应采取必要的处置措施。

案例导入三中，财运货运代理公司为承运大米的物流企业，该公司在物流活动中应承担全部责任。

二、委托他人进行集装箱码头装卸搬运的物流企业的义务

1）物流企业委托他人进行港口集装箱装卸搬运作业应填制“港口集装箱作业委托单”。

2）物流企业委托他人进行港口集装箱装卸搬运作业，应保证货物的品名、性质、数量、重量、体积、包装、规格与委托作业单记载相符。委托作业的集装箱货物必须符合集装箱装卸运输的要求，标志应当明显、清楚。由于申报不实给港口经营人造成损失的，物流企业应当负责赔偿。

三、物流企业在集装箱货物的装卸作业中的权利和义务

1. 装载货物的集装箱应具备的条件

1）集装箱应符合国家标准化组织的标准。

2）集装箱四柱、六面、八角完好无损。

3）集装箱各焊接部位牢固。

4）集装箱内部清洁、干燥、无味、无尘；集装箱不漏水、不漏光。

2. 在货物进行装箱之前应该做的检查

1）外部检查，对集装箱的六面进行查看，外部是否有损伤、变形、破口等异常现象，如果发现这些现象应该及时进行维修。

2）内部检查，对集装箱的内侧进行查看，查看是否漏水、漏光，是否有污点、水迹等；箱门检查，箱门是否完好，是否能够 270° 开启。

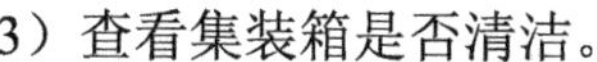

3）查看集装箱是否清洁。

4）查看集装箱的附属件，检查附属件是否齐备，是否处于正常工作状态中。

小知识

集装箱货物的装卸作业，是指按照一定的工艺要求，将货物装上、卸下集装箱的作业。

3. 对集装箱货物进行积载时，一般应该满足的要求

1）集装箱内所载的货物不能超过集装箱所能承受的最大重量。

2）根据货物的性质、体积、质量、包装强度的不同安排积载。

3）集装箱内应当均匀分布重量；根据货物包装的强度决定堆码的层数。

4）注意不同货物的物理及化学性能，避免发生污染和串味。

资料卡

运输港站经营人是指在其业务过程中，于其控制下的某一区域内，负责接管国际运输货物，以便对这些货物从事或安排从事与运输有关的服务的人。

活动建议

到车站或码头参观，观察集装箱和装卸搬运设备。

第六单元　流通加工法律法规

本单元学习导引图

流通加工法律法规

- **了解流通加工实务**
  - 了解流通加工的含义、类型和作用
  - 掌握与流通加工相关的法律
- **掌握加工承揽合同**
  - 理解加工承揽合同的含义、类型
  - 掌握加工承揽合同的主要内容
  - 明确加工承揽合同的效力

学习目标

通过本单元的学习，认识流通加工在物流中的作用，了解流通加工合同的订立及主要内容，掌握物流企业在流通加工中的权利和义务。

综合知识模块一

了解流通加工实务

随着现代流通业的发展，作为现代物流企业，从单一经营业务向多种经营业务转变已成为必然的趋势。流通加工作为现代物流企业的一项具有广阔发展前景的经营业务，已成为社会再生产的重要环节。在流通过程中，流通加工仍然和流通总体一样起着“桥梁和纽带”的作用。但是，它却不是通过保护流通对象的原有形态而实现这一作用的，它和生产一样，通过改变或完善流通对象的原有形态来实现“桥梁和纽带”的作用，是生产加工的延伸，是流通领域为了更好地服务于市场而在职能方面的扩大，它的最根本的目的是市场销售，是完成流通。流通加工能为流通领域带来巨大的经济效益和社会效益，已成为现代物流系统中不可缺少的组成部分。

案例导入

某日，张先生在礼品店里给女儿买了一个布娃娃，他要求售货员用礼品盒和包装纸对布娃娃进行包装，售货员向张先生加收了一定的包装费。售货员的工作属于什么业务范围？

能力知识点 1　了解流通加工的含义、类型和作用

一、流通加工的含义

流通加工是指物品在从生产地到使用地的过程中，根据需要进行包装或分割、计量、分拣、刷标志、挂标签、组装等简单作业。它与生产加工最大的不同是注重物品在生产后、流通或使用前的整理，因此又称加工整理。流通加工是对货物或其包装进行必要加工或整理的工作，也是物流中的一项内容。案例导入中，售货员的工作属于流通加工业务。

流通加工的主要工作，是在生产原料使用前的简单加工和为了配合运输或使用需要而进行的必要整理，它是一种加工承揽性的工作。委托此项工作的通常是货主，委托既可以是单项的，也可以包括在整个物流项目管理协议中。它主要涉及简单加工、修理、检验、其他过程前的准备等，它们由物流经营者按照用户的要求完成，收取相应的报酬。同时，加工整理与物流中的配送和包装有着较为密切的关系，用户经常根据最终目的来对加工整理工作的选题提出要求，选择适当的加工形式。例如，包装前对商品的加工，主要是稳固、改装、品质保护（如保鲜）；而配送前的加工，主要是根据用户的要求进行初步加工，以便集中下料，或者是对货物进行分拣、配料或在出售前加标签。

货运标识：是指为保证作业人员的安全，防止内部物品损伤而附在包装容器上的提示货运要领标记。

二、流通加工的类型

1. *为满足需求多样化进行的服务性加工*

生产部门为了实现高效率、大批量生产，其产品往往不能完全满足用户的要求。这样，为了满足用户对产品多样化的需要，同时又要保证高效率的大生产，可将生产出来的单一化、标准化的产品进行多样化的改制加工。例如，对钢材卷板的舒展、剪切加工；平板玻璃按需要规格的开片加工；木材改制成枕木、板材、方材等加工。

2. *为方便消费进行的流通加工*

根据下游生产的需要将商品加工成生产直接可用的状态。例如，根据需要将钢材定尺、定型，按要求下料；将木材制成可直接投入使用的各种型材；将水泥制成混凝土拌合料，只需稍加搅拌即可使用等。

3. 为保护产品进行的流通加工

在物流过程中，直到用户投入使用前，都存在对产品的保护问题，防止产品在运输、存贮、装卸、搬运、包装过程中遭到损坏，保障其使用价值能顺利实现。例如，新鲜的食品在运输过程中容易变质，所以将其冷冻或经过真空处理。

4. 为弥补生产领域加工不足的流通加工

有许多产品在生产领域的加工只能到达一定程度，这是由于存在许多因素限制了生产领域不能完成最终的加工。例如，木材如果在产地加工成木制品，就会造成运输的极大困难，所以原生产领域只能加工到原木、板材、方材这个程度，进一步的下料、切裁、处理等加工则由流通加工进行。

5. 为促进销售的流通加工

流通加工也可以起到促进销售的作用。例如，将过大包装或散装物分装成适合依次销售的小包装的分装加工；将以保护商品为主的运输包装改换成以促进销售为主的销售包装；将蔬菜、肉类洗净切块，以满足消费者要求等。

6. 为提高加工效率的流通加工

许多生产企业的初级加工由于数量有限，加工效率不高。而流通加工以集中加工的形式，解决了单个企业加工效率不高的弊病。它以一家流通加工企业的集中加工代替了若干家生产企业的初级加工，促使生产水平有一定的提高。例如，乡镇企业的米、面加工厂，为农户提供的磨米、磨面服务，以一家流通加工企业的集中加工代替了若干家农户的初级加工，提高了加工效率，降低了加工成本。

7. 为提高物流效率、降低物流损失的流通加工

有些商品本身的形态使之难以进行物流操作，而且商品在运输、装卸搬运过程中极易受损，因此需要进行适当的流通加工，从而使物流各环节易于操作，提高物流效率，降低物流损失。例如，造纸用的木材磨成木屑的流通加工，可以极大地提高运输工具的装载效率；自行车在消费地区的装配加工可以提高运输效率，降低损失；石油气的液化加工，使很难输送的气态物转变为容易输送的液态物，提高了物流效率。

8. 为衔接不同运输方式，使物流更加合理的流通加工

在干线运输和支线运输的结点设置流通加工环节，可以有效地解决大批量、低成本、长距离的干线运输与多品种、少批量、多批次的末端运输和集货运输之间的衔接问题。在流通加工点与生产企业间形成大批量、定点运输的渠道，以流通加工中心为核心，组织对多个用户的配送，也可以在流通加工点将运输包装转换为销售包装，从而有效地衔接不同目的的运输方式。例如，散装水泥中转仓库把散装水泥装袋，将大规模散装水泥转化为小规模散装水泥的流通加工，就衔接了水泥厂大批量运输和工地小批量装运的需要。

9. 生产—流通一体化的流通加工

依靠生产企业和流通企业联合，或者生产企业涉足流通，或者流通企业涉足生产形成的

对生产与流通加工进行合理分工、合理规划、合理组织，统筹进行生产与流通加工的安排，就是生产—流通一体化的流通加工形式。这种形式可以促成产品结构及产业结构的调整，充分发挥企业集团的经济技术优势，是目前流通加工领域的新形式。例如，乳制品生产厂从牛奶生产到制成成品，再到流通环节进行加工、包装、整合促销。

10. 为实施配送进行的流通加工

这种流通加工形式是配送中心为了实现配送活动，满足用户的需要而对物资进行的加工。例如，混凝土搅拌车可以根据用户的要求，把沙子、水泥、石子、水等各种不同材料按比例要求装入可旋转的罐中。在配送路途中，汽车边行驶边搅拌，到达施工现场后，混凝土已经均匀搅拌好，可以直接投入使用。

三、流通加工在物流中的作用

（1）流通加工能有效地完善流通：流通加工在实现时间、场所两个重要效用方面，确实不能与运输和储存相比。流通加工不是在所有物流活动中都必然出现的，但并不意味着流通加工不重要，实际上它在物流系统中是不可轻视的，起着补充、完善、提高、增强物流水平，促进流通现代化的作用。

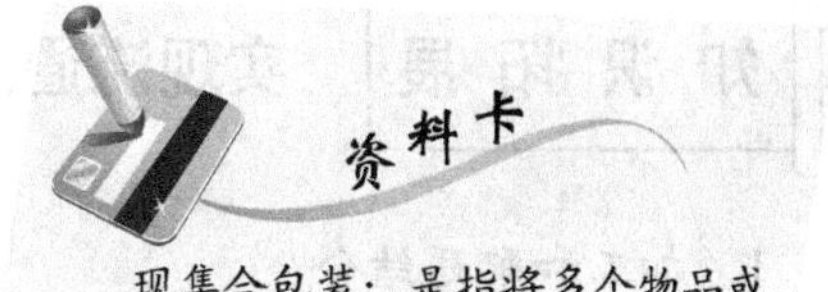

现集合包装：是指将多个物品或多个小包装变成一个大包装，以便在装卸搬运作业中使用机械设备。

（2）流通加工是物流活动的重要利润来源：流通加工是一种投入高、产出大的加工方式，往往以简单的加工就可以解决大问题。

（3）流通中的加工可以提高原材料的利用率：它可以将原材料进行初级加工，为物流的其他环节创造条件，可以提高加工效率及设备利用率，充分发挥各种输送手段的最高效率。

能力知识点 2　掌握与流通加工相关的法律

流通加工法律是与流通加工相关的法律规范的总称，关于流通加工的立法主要表现在加工承揽合同上。就我国现有的法律而言，与其他物流法律一样，目前我国还没有单独的流通加工方面的法律，《民法通则》、《合同法》及关于加工承揽合同的具体规定，可适用于流通加工。

流通加工是物流活动中的一个特殊的环节，与其他环节不同的是，流通加工具有生产的性质，它可能改变商品的形态，对物流的影响巨大。并不是每个物流活动都必须进行流通加工，所以也不是每个物流合同都含有关于流通加工的规定。当双方当事人在物流合同中约定物流企业承担流通加工义务时，根据物流企业履行流通加工义务所采用方式的不同，物流企业会具有不同的法律地位。

物流企业如果有加工的能力，并以自身的技术和设备亲自从事加工的，则物流企业即是物流服务合同中的物流提供者，其权利和义务根据物流服务合同和相关法规的规定予以确定。

虽然物流活动中的流通加工与生产加工相比较为简单，但在一些情况下仍然需要一些特殊的技能或工具。从效率和技术的角度着想，物流企业可能将流通加工转交给有能力的专业加工人进行。此时，物流企业通过与加工人签订加工承揽合同的方式履行其在物流服务合同中的义务。在这种情况下，物流企业一方面针对物流服务合同的需求方而言，为物流服务的提供方；另一方面，针对承揽人而言，为定做人。它在流通加工中受到物流服务合同和加工承揽合同的约束，并根据相关的法律规范享有权利，承担义务。

物流中流通加工环节对物品的作用？

活动建议

调查一家物流加工企业如何为用户做加工的？

知识拓展　实现流通加工合理化的途径

1. 加工和配送结合

加工和配送结合就是将流通加工设置在配送点中。一方面按配送的需要进行加工，另一方面加工又是配送作业流程中分货、拣货、配货的重要一环，加工后的产品直接投入到配货作业，这就无需单独设置一个加工的中间环节，使流通加工与中转流通巧妙地结合在一起。同时，配送之前有必要的加工，可以使配送服务水平大大提高，这是当前对流通加工做合理选择的重要形式，在煤炭、水泥等产品的流通中已经表现出较大的优势。

2. 加工和配套结合

“配套”是指对使用上有联系的用品集合成套地供应给用户使用，如方便食品的配套。当然，配套的主体来自各个生产企业，如方便食品中的方便面，就是由其生产企业配套生产的。但是，有的配套不能由某个生产企业全部完成，如方便食品中的盘菜、汤料等。这样，物流企业进行适当的流通加工，可以有效地促成配套，大大提高流通作为供需桥梁与纽带的能力。

3. 加工和合理运输结合

流通加工能有效衔接干线运输和支线运输，促进两种运输形式的合理化。利用流通加工，在支线运输转干线运输或干线运输转支线运输等这些必须停顿的环节，不进行一般的支转干或干转支，而是按干线或支线运输合理的要求进行适当加工，可以大大提高运输及运输转载水平。

4. 加工和合理商流结合

流通加工也能起到促进销售的作用，从而使商流合理化，这也是流通加工合理化的方向之一。加工和配送相结合，通过流通加工，提高了配送水平，促进了销售，使加工与商流合理结合。此外，通过简单地改变包装加工形成购买量，通过组装加工解除用户使用前进行组装、调试的难处，都是有效促进商流的很好例证。

5. 加工和节约结合

节约能源、节约设备、节约人力、减少耗费是流通加工合理化重要的考虑因素，也是目前我国设置流通加工并考虑其合理化的较普遍形式。

对于流通加工合理化的最终判断，是看其是否能实现社会和企业本身的两个效益，而且是看其是否取得了最优效益。流通企业更应该树立社会效益第一的观念，以实现产品生产的最终利益为原则，只有在生产流通过程中以不断补充、完善为己任的前提下才有生存的价值。如果只是追求企业的局部效益，不适当地进行加工，甚至与生产企业争利，这就有违于流通加工的初衷，或者其本身已不属于流通加工的范畴。

综合知识模块二

掌握加工承揽合同

在流通加工环节中，物流企业可能通过加工承揽合同履行其物流服务合同的加工义务，即物流企业通过与承揽人签订分合同的形式将其加工义务分包出去。对此，物流企业通常处在加工承揽合同中定做人的地位。因此，作为定做人，物流企业应当了解与其有关的加工承揽合同的法律适用，合同的订立内容以及相应的权利和义务。

案例导入

保山家具有限公司与兄弟木器加工厂签订了家具制作加工承揽合同，兄弟木器加工厂为保山家具有限公司加工家具，所需材料由保山家具有限公司提供，兄弟木器加工厂收取加工费。2009年的某日，兄弟木器加工厂失火，将保山家具有限公司的原料以及库房中准备出库的成品烧毁，造成损失近百万元。这次损失由谁来承担？

能力知识点1　理解加工承揽合同的含义、类型

一、加工承揽合同的含义

加工承揽合同是指承揽人按照定做人的要求完成一定工作，并交付工作成果，定做人接受承揽人的工作成果并给付报酬的合同。完成工作的一方称为承揽人，接受工作成果并支付报酬的一方称为定做人。加工承揽合同具有以下法律特征：

1）加工承揽合同以一定工作的完成为目的。合同的标的是承揽人的工作成果，而不是承揽人完成工作的过程本身。

2）加工承揽合同的标的具有特定性。加工承揽合同是为了满足定做人的特殊要求而订立的，因而作为加工承揽合同标的的工作成果是由定做人确定的，或者是按定做人的要求来完成的。

3）在加工承揽合同中，承揽人的工作具有独立性，即承揽人以自己的设备、技术、劳力等完成工作任务，不受定做人的指挥管理。但是，承揽人在完成工作过程中应接受定做人必要的监督和检查。在承揽人未按约定的条件和期限进行工作，显然不能按时按质完成工作成果时，定做人有权解除合同，并要求赔偿损失。

4）加工承揽合同是具有一定人身性质的合同。承揽人一般必须以自己的设备、技术、劳力等完成工作，并对工作成果承担风险责任。承揽人不得擅自将加工承揽的工作交给第三人完成，还要对完成工作中遭受意外的风险负责。

5）加工承揽合同是诺成、双务有偿合同。加工承揽合同自双方当事人意思表示一致即告成立，故为诺成合同。加工承揽合同的双方当事人均负有一定的义务，一方的义务即是另一方的权利，故为双务合同。定做人须对承揽人完成的工作成果支付报酬，故为有偿合同。

案例导入中，保山家具有限公司与兄弟木器加工厂签订家具制作加工承揽合同，以兄弟木器加工厂加工成成品家具为目的，合同的标的是兄弟木器加工厂制成的家具。兄弟木器加工厂的工作具有独立性，对工作成果承担风险责任。因此，工厂失火，损失只有兄弟木器加工厂自己承担。

二、加工承揽合同的类型

加工承揽合同包括加工合同、定做合同、修理合同。

1）加工合同，是指承揽人按照定做人的具体要求，使用自己的设备、技术和劳力对定做人提供的原材料或者半成品进行加工，并将成果交给定做人，定做人支付价款的合同。它由定做人提供大部分或全部的原材料，承揽人只提供辅助材料，并且仅收取加工费用。这种合同是物流中常见的合同。

2）定做合同，是指由承揽人根据定做人的需要，利用自己的设备、技术、材料和劳力，为定做人制作成品，由定做人支付报酬的合同。在定做合同中，原材料全部由承揽人提供，定做人则支付相应的价款。定做合同的价款包括加工费和原材料费用。

3）修理合同，是指承揽人为定做人修理功能不良、缺失或外观被损坏的物品，使其恢复原状，由定做人支付报酬的加工承揽合同。在修理合同中，定做人可以提供原材料，也可以不提供原材料。在不提供原材料的情况下，定做人所支付的价款主要是原材料的价值。修理合同在物流过程中也很常见。由于物流过程中产品和包装的破损不可避免，所以修理合同履行的好坏将影响物流的效率。

能力知识点 2　掌握加工承揽合同的主要内容

合同的内容是双方当事人关于权利义务所作的具体约定，它体现在合同的条款上。根据我国《合同法》第 252 条规定，加工承揽合同包括以下内容。

1. 加工承揽合同的标的

加工承揽合同的标的是定做人和承揽人权利和义务指向的对象，是加工承揽合同必须具备的条款。加工承揽标的是将加工承揽合同特定化的重要因素，在合同中应该将加工定做的物品名称和项目写清楚。加工承揽合同的标的应该具有合法性，标的不合法将导致合同无效。

2. 加工承揽标的的数量

数量，是以数字和计量单位来衡量定做物的尺寸。根据标的物的不同，有不同的计算数量的方法。数量包括两个方面，即数字和计量单位。在合同的数量条款中，数字应当清楚、明确，数量的多少直接关系到双方当事人的权利和义务，也与价款或酬金有密切的关系。在计量单位的使用上，应该采用国家法定的计量单位，如米、立方米、千克等。

3. 加工承揽标的的质量

质量是定做物适合一定用途、满足一定需要的特征，它不仅包括定做物本身的物理、化学和工艺性能等特性，还包括形状、外观手感及色彩等。这主要是对加工承揽标的品质的要求。在加工承揽合同中，对于标的的质量通常由定做人提出要求。

4. 报酬条款

报酬条款应当在合同中明确约定，包括报酬的金额、货币种类、支付期限、支付方式等。

5. 履行条款

履行条款包括履行期限、履行地点、履行方式三部分。

1）履行期限是指合同当事人履行合同义务的期限。加工承揽合同的履行期限包括提供原材料、技术资料、图纸及支付定金、预付款等义务的期限。

2）履行地点是指履行合同义务和接受对方履行的成果的地点。履行地点直接关系到履行合同的时间和费用。

3）履行方式是指当事人采用什么样的方法履行合同规定的义务，在加工承揽合同中，履行方式指的是定做物的交付方式，如是一次交清还是分期分批履行，定做物是定做人自己提取还是由承揽人送货等。

6. 验收标准和验收方法条款

验收标准和验收方法是指对承揽人所完成的工作成果进行验收的标准和方法。验收标准用于确定工作成果是否达到定做人所规定的质量要求和技术标准。在加工承揽合同中，这一条款应该规定得具体明确。

7. 材料提供条款

加工承揽合同中的原材料既可以由承揽人提供，也可以由定做人提供。原材料的提供会影响价款的确定，原材料的质量也会直接影响定做物的质量，从而影响合同是否得到完全履行。流通加工是在流通的过程中对货物进行加工，加工的对象是货物，所以在由物流企业进行流通加工的情况下，原材料通常是由物流需求方提供。但是，在一定的情况下，如将货物进行分包装，包装物有可能由物流企业提供。

8. 样品条款

凭样品确定定做物的质量是加工承揽合同中的一种常见的现象。在这种情况下，定做人完成的工作成果的质量应该达到样品的水平。样品可以由定做人提供，也可以由承揽人提供。提供的样品应封存，由双方当场确认并签字，以作为成果完成后的检验依据。

9. 保密条款

由于加工承揽合同的特殊性，定做人有时会向承揽人提供一定的技术资料和图纸，这可能涉及到定做人不愿被他人所知的商业秘密或技术秘密。所以，在合同中规定保密条款是十分必要的。保密条款应该对保密的范围、程度、期限、违反的责任进行详细约定。

我国有关加工承揽合同的法律规范主要是《合同法》和 1984 年 12 月 20 日国务院发布的《加工承揽合同条例》。因此，有关加工承揽合同的争议，应首先适用《合同法》关于加工承揽合同的规定，《合同法》未规定的，在不违反法律规定的情况下，应适用《加工承揽合同条例》的有关规定。

能力知识点 3　明确加工承揽合同的效力

一、承揽人（如案例导入中兄弟木器加工厂）的主要义务和权利

1. 承揽人的主要义务

（1）承揽人应完成合同约定的工作任务：

1）承揽人应当以自己的设备、技术和劳力，完成工作的主要部分，但当事人另有约定的除外。所谓主要部分首先是对定做物的质量有决定性作用的工作物部分，一般来说是指工作技术要求高的部分；如果质量在工作物中不起决定作用，定做物为一般人均可完成的工作时，那么主要部分则是指数量上的大部分。承揽人将其加工承揽的工作转由第三人完成的，应当就该第三人完成的工作成果向定做人负责。根据合同约定或者合同性质、交易习惯，加工承揽的工作是不得转让的，承揽人转让时，定做人可以解除合同。

2）承揽人应按照合同约定的时间着手工作和进行工作，并于规定的期限内完成工作。承揽人因可归责于自己的事由不能按期完成工作任务的，定做人可于履行期限届满后请求解除合同。

3）承揽人应按照合同的约定按定做人要求的技术条件和质量标准完成工作。如合同对此无约定，应依国家规定的技术条件和质量标准；如无国家规定，则应当符合平常所提出的要求。非经定做人同意，承揽人不得擅自修改技术要求和质量标准。

4）承揽人在工作期间，应当接受定做人必要的监督检验和指示，但当事人另有约定的除外。定做人监督检验时不得妨碍承揽人的正常工作。定做人中途变更设计图纸、工作要求，或者指示错误，给承揽人造成损失的，应当赔偿损失。

5）承揽人在完成工作的过程中，如发现定做人提供的设计图纸有错误或者技术要求不合理，定做人提供的材料不符合约定，以及可能影响工作质量或者履行期限的其他情形，应当及时通知定做人。定做人接到通知后，应当及时答复并采取相应措施。定做人因怠于答复等原因造成承揽人损失的，应当赔偿损失。因承揽人怠于通知造成损失的，应当由承揽人承担损失。

（2）承揽人应按合同的约定提供原材料或接受、检验、保管、使用定做人提供的原材料：合同约定由承揽人提供材料的，承揽人应当按照合同约定的质量标准选用材料；没有约定质量标准的，承揽人应当选用符合定做物使用目的的材料，并接受定做人的检验。定做人未及时检验的，视为同意。用定做人提供的原材料完成工作的，承揽人应接受定做人提供的原材料并及时检验，发现不符合要求的，应当及时通知定做人调换或补交。因承揽人不及时检验而使用不合格材料的，或因承揽人怠于通知的，承揽人仍应对定做物的质量负责。承揽人应当妥善保管定做人提供的材料。定做人提供的材料在承揽人占有期间毁损、灭失的，由承揽人承担责任。

（3）交付工作成果，保证定做人顺利实现对定做物的利益：承揽人应按合同约定的期限交付工作成果。承揽人要求提前或延期交付工作成果的，应事先与定做人达成协议，并按协议执行。擅自提前或延迟交付的，应承担违约责任。承揽人在交付定做物时，还须交付定做物的附从物。同时，工作完成后，如果定做人提供的原材料、零配件等尚有剩余，则承揽人应退还给定做人。承揽人在向定做人交付工作成果时，应对定做物的质量负瑕疵担保责任，即承揽人应担保所交付的定做物符合合同所规定的质量要求。如交付的定做物不符合合同约定的质量标准，即为有瑕疵，这时定做人同意利用的，可以按质论价，减少相应的报酬；定做人不同意利用的，承揽人应负责修整、调换或重做，并承担逾期交付的责任；经过修整或调换后，仍不符合合同规定的，定做人有权拒收，可以解除合同，要求赔偿损失。但是，在法定的质量保证期限已过的情况下，承揽人可免除承担瑕疵担保责任。承揽人所交付的定做物的数量不得少于合同的规定，否则，定做人若坚持需要按合同规定的数量，应当照数补齐，并承担补齐部分逾期交付的责任。对少交部分，定做人不再需要的，有权就该部分解除合同，要求赔偿损失。承揽人应按合同规定包装定做物，包装不合格的，定做人有权要求重新包装。因包装不合合同规定造成定做物毁损、灭失的，承揽人应负赔偿责任。

（4）保密义务：定做人对加工承揽工作要求保密的，承揽人应当保守秘密。承揽人未经定做人许可，不得留存复制品或者技术资料。

（5）接受定做人必要监督的义务：承揽人在工作期间，应当接受定做人必要的监督检验，但定做人不得因监督检验妨碍承揽人的正常工作。

2. *承揽人的主要权利*

承揽人的主要权利为收益权、留置权。按照合同的约定，承揽人有权向定做人索取报酬和有关原材料的费用。在定做人没有按照约定支付报酬和费用时，承揽人可以对其定做物和原材料行使留置权。留置经过一定的时间（不少于 2 个月）后，定做人仍未支付报酬和费用的，承揽人有权将定做物或原材料变卖或拍卖，以所得价款优先清偿其报酬和费用。另外，当定做人无正当理由拒绝受领定做物或无法交付定做物时，有权将定做物提交给提存机关提存，以免除自己的交付义务。

二、定做人（如案例导入中保山家具有限公司）的主要义务和权利

1. 定做人的主要义务

（1）定做人应协助承揽人完成工作任务：

1）定做人应依合同约定向承揽人提供原材料、技术材料，并完成必要的准备工作。否则，承揽人有权解除合同，要求赔偿损失；承揽人不要求解除合同的，除工作完成的日期可以顺延外，定做人还应偿付承揽人停工待料的损失。

2）定做人按照约定提供原材料、设计图纸、技术资料等的义务。在定做人有特殊要求或者承揽工作具有一定复杂程度的情形下，合同往往约定由定做人提供相关原材料、设计图纸、技术资料等。若合同有此约定，定做人应及时按合同约定的时间、地点、数量和质量向承揽人提供。没按约定提供的，承揽人有权解除合同，并要求赔偿损失。

3）根据合同性质需要定做人协助的，定做人有协助义务。定做人不履行协助义务致使加工承揽工作不能完成的，承揽人可以解除合同。

（2）定做人应按照合同约定受领定做物：定做人应按照合同约定的时间、地点受领定做物。合同规定定做人自提的，应按时提取。定做人无故拒收定做物的，应负赔偿责任；定做人超过规定期限领取定做物的，应负违约责任，并承担承揽人支付的保管、保养费。定做人在领取定做物时，应当依照合同规定进行验收。定做人应当在约定的期限内提出质量异议，超过约定的期限提出质量异议的，承揽人不承担责任。定做人和承揽人对质量异议的期限没有约定，工作成果明显不符合约定质量的，应当在工作成果交付之日起 15 日内提出；需经检验或者安装运转才能检验的，应当在工作成果交付之日起 6 个月内提出。

（3）按期支付报酬、材料费和其他费用：定做人应当按照约定期限、数额向承揽人支付报酬。定做人逾期支付报酬或费用的，承揽人有权请求定做人支付利息。定做人未按约定期限支付报酬的，承揽人对完成的工作成果享有留置权。

2. 定做人的主要权利

定做人的权利与承揽人的义务是相对应的，即承揽人的义务就是定做人的权利。这些权利主要是按合同约定受领工作成果的权利，对原材料以及交付的工作成果按约定验收的权利，以及对承揽人进行必要的监督的权利等。

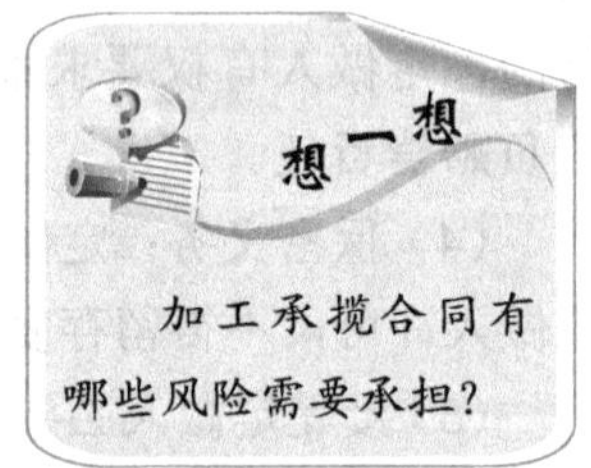

活动建议

与同学搭伴一起参观一个物流加工企业。

知识拓展　承揽合同纠纷的解决方式

1. 协商解决

协商就是承揽合同的双方当事人，在合同纠纷发生后，通过相互协商达成协议，确立纠纷解决的方法、步骤及各自承担的民事责任，最终解决合同纠纷。由于承揽合同的签订，是

双方当事人协商的结果，因而，纠纷发生后，双方当事人彼此谅解，通过互相协商解决纠纷是可行的，它是我国解决合同纠纷最主要、最常见的方法。协商解决承揽合同纠纷，可以节省时间，尽快解决纠纷；可以节省大量的仲裁或诉讼费用及仲裁或诉讼所耗费的人力；还可以避免因长时间诉讼或仲裁造成的经济损失。

采用协商方式解决纠纷要坚持原则性与灵活性相结合的原则。双方协商的基础是国家有关的一系列法律、法规；其前提是双方平等、自愿。在此条件下，双方本着实事求是、互相谅解的态度，达到求大同存小异，使分歧顺利得到解决。

争议双方在协商不能达到意见统一时，可以向合同管理机关申请调解，也可以依据合同中的仲裁条款或事后达成的仲裁协议向仲裁机构申请仲裁，还可以直接向人民法院起诉。

2. 调解解决

调解就是通过说服教育，使承揽合同的当事人双方通过互谅互让，使争议得到圆满解决的办法，是通过合同当事人以外的第三人的行为实现的。广义的调解包括人民调解、行政调解、仲裁调解和司法调解等。狭义的调解仅指行政调解，即当事人上级主管部门的调解。

3. 仲裁解决

仲裁是指争议双方根据争议发生前或争议发生后达成的协议，自愿将争议交给第三者作出裁决，双方对裁决必须执行的一种解决争议的方法。它是我国解决合同争议的一种重要法律制度。

仲裁分国内仲裁与涉外仲裁。1995 年 9 月 10 日起施行的《中华人民共和国仲裁法》（以下简称《仲裁法》）是国内仲裁与涉外仲裁都适用的法律。该法规定：仲裁裁决自裁决书作出之日起具有法律效力，当事人应当履行。一方当事人不履行仲裁裁决，另一方当事人可以按民事诉讼法的有关规定申请执行。

根据《仲裁法》，当事人采取仲裁方式解决争议，必须在双方自愿并达成协议的前提下。双方当事人可以在承揽合同中订立仲裁条款，也可以在争议发生前或发生后就请求仲裁达成协议。仲裁协议应写明请求仲裁的意愿、仲裁的事项、双方所选定的仲裁委员会。没有仲裁协议，一方申请仲裁，仲裁委员会不予受理。双方当事人达成了仲裁协议，一方当事人向人民法院起诉的，人民法院不予受理。当事人选择仲裁委员会，不受级别与地域限制。承揽合同中具有涉外因素的，涉及对外贸易、涉外运输和海事纠纷的，应向中国国际商会组织设立的中国国际经济贸易仲裁委员会或海事仲裁委员会申请仲裁。

4. 诉讼解决

诉讼就是当事人将争议提交人民法院解决，人民法院在检察院的监督下，解决该争端的活动。诉讼包括起诉、审判和执行三个阶段，即第一阶段起诉和受理；第二阶段审理和判决；第三阶段执行。

第七单元　物流包装法律法规

本单元学习导引图

物流包装法律法规

- **了解物流包装实务**
  - 了解包装的含义及物流包装的基本要求
  - 了解包装法律规范的含义和特点
  - 了解物流企业在包装中的法律地位
  - 包装涉及的知识产权
- **掌握普通货物、危险货物的包装法律规范**
  - 掌握普通货物包装所涉及的法律规范
  - 掌握危险货物包装所涉及的法律规范
- **了解国际物流中的包装法律法规**
  - 了解国际物流中包装的特点及包装所应遵循的基本原则
  - 了解国际物流中运输包装的标志

学习目标

通过本单元的学习，了解包装的含义及物流包装的基本要求，熟悉物流中与包装相关的各类法律规定，明确物流企业在包装中的法律地位，了解各类包装的实物操作以及应遵循的基本原则。

综合知识模块一

了解物流包装实务

包装是生产活动及生活需求对商品提出的客观要求，是满足商品运输、储存、销售等活动的必然要求，是实现商品价值和使用价值的必要手段。包装是物流过程的起点，也是保证物流活动顺利进行的重要条件。包装在整个物流活动中具有特殊的地位。包装作业的合理化是商品正常流转的必要条件，包装材料、形式、方法以及外形设计都对其他物流环节产生重要影响。从现代物流发展的趋势来看，包装在物流系统以及整个国民经济中的地位越来越重要。

案例导入一

Trans Ocean Distribution Limited（简称 TOD），是全球专业液体物流运输企业 JF Hillebrand 集团的一员。JF Hillebrand 总部位于德国美因兹，服务网络遍布全球，在英国南安普敦、美国休斯敦、新加坡、中国上海、南非开普敦、澳大利亚阿德雷德、印度孟买、日本东京及阿拉伯联合酋长国迪拜都设有办事机构，在 22 个国家 40 个办事处雇佣了 1 000 多名雇员，2006 年运载了超过 280 000 个标准集装箱，营业额达 5.25 亿欧元。TOD 于 1995 年进入中国，在上海设立办事处，将集装箱液袋这种新型的散装液体物流包装方式介绍给中国客户，并开始在中国沿海城市的进出口散装液体货物物流包装领域提供物流包装服务。

TOD 将集装箱液袋物流包装技术引入中国后，在石油、化工和食品工业领域开展大量的国内和进出口散装液体物流包装服务业务，在中国市场赢得了良好的信誉，在集装箱液袋物流包装领域是公认的市场领导，无论是产品技术、服务网络还是市场份额都始终处于市场的主导地位。

案例导入二

2009 年某电视机生产厂家委托包装公司，对该厂家生产的大型号电视机的包装进行改进，要求使用泡沫塑料缓冲包装材料，采用八块小的缓冲材料分割式包装来缓冲防震。包装公司严格执行了厂家的合同要求，通过改进包装材料和包装设计，减少使用了 40%的材料，大大地节约了资源，降低了包装成本。请思考包装公司应该如何为厂家服务？

案例导入三

2009 年某日，某日用化工品生产厂购进一批浓硫酸等具有腐蚀性的原料，这些原料有的用强化玻璃瓶装置，有的用密封硬塑料桶承载。该化工品生产厂与某物流公司签订合同，明确告知了所运输商品的详细情况。物流公司采用内层为普通钢材质制成的集装箱运输该批货物。在运输途中，路途颠簸，个别玻璃瓶和塑料桶破损，浓硫酸等具有腐蚀性的原料流入集装箱内，由于集装箱材料为普通钢，所以被浓硫酸腐蚀，造成箱体、车体部分损坏。物流公司要求化工品生产厂赔偿损失。你认为化工品生产厂有责任赔偿物流公司的损失吗？

能力知识点 1　了解包装的含义及物流包装的基本要求

一、包装的概念

1. 什么是包装

包装是在流通过程中为保护商品、方便储运、促进销售，按一定技术方法而采用的容器、材料及辅助物等的总称，也指为了达到上述目的而在采用容器、材料和辅助物的过程中施加一定技术方法的操作活动。

2. 对包装的理解

在社会再生产过程中，包装既是生产的终点，又是物流的起点。作为生产的终点，包装必须根据产品的性质、形状和生产工艺的要求来满足生产要求。作为物流的起点，包装完成之后，被包装的产品有了物流的能力，在整个物流的过程中，包装便可以发挥对产品的保护作用和方便物流的作用，最后实现销售。现代物流认为，包装与物流的关系比包装与生产的关系要密切得多，包装作为物流起点的意义比它作为生产终点的意义要大得多。因此，包装应进入物流系统之中，这是现代物流的一个新观念。

由于近年来包装工业的迅速发展，新的包装材料、包装技术、包装形式的出现和采用，为包装工业的发展开拓了新的前景。现代物流的发展又对包装提出了新的、更高的要求。事实已经告诉我们：包装对物流的合理化起到了非常重要的作用。

二、包装的标志

货物包装标志是指为标明被包装货物的性质和为了物流活动的安全及理货分运的需要而进行的文字和图像的说明，分为指示性标志和警告性标志。国家对包装标记和包装标志有明确的要求：必须按照国家有关部门的规定办理；必须简明清晰、易于辨认；涂刷、拴挂、粘贴标记和标志的部位要适当；要选用明显的颜色作标记和标志。

三、物流包装的基本要求

1. 流动的要求

流动的要求是由通过供应链中流通部分或最终消费者，使搬运、储存和装卸等各环节更加有效的包装功能所决定的。物流包装的供应、产品充填、内部材料流动、产品输送或搬动、材料用后处理和回收处理等都是影响包装的流动要求，这种流动要求中，包装将发挥出三种重要功能。

（1）防护功能：是指防止商品在流通中发生不可接受的破损。

（2）操作功能：是指通过包装后可以方便地促使商品在市场上流通。

（3）配置功能：是指由于外包装所指示的各项信息能达到的正确的移动位置及方向。

2. 市场的要求

市场要求是由通过产品供应链的组成部分使得产品具有附加值，并使其更加吸引人的包装要求所决定的。包装的经济收益将体现在这一项要求中。对包装的市场要求主要表现在下述三项功能。

（1）信息功能：是指包装及产品上都具有必要的、符合规范要求的信息或说明，如产品特性、使用说明、维修方法、注意事项及条码等。

（2）促销功能：是指有符合现代美学的装潢设计、先进技术的结构方案以及满足与消费者直接交流等其他吸引消费者的方法等。

（3）安全功能：是指通过包装以后，无论对于被包装产品来说，还是对于消费者本身及其财产而言，都是有安全保障的，如防伪包装、防偷换包装和儿童安全包装等。

3. 环境的要求

环境的要求是由致力于减缓物流对环境压力的包装功能所决定的。作为现代物流体系中的组成部分而言，这项要求显得尤为重要，同时，也体现出绿色包装受到关注和重视的程度。现代物流对包装与环境的协调方面要求包装具有资源与材料的优化利用的功能。这项要求突出地表现为以下三种功能。

（1）改善资源利用率：包装件在生产加工及其流动过程中，材料和能源必须得到最有效的利用，使其消耗率最低。

（2）尽量不用或少用有害材料：这主要是指在包装材料的选用和加工中，有害材料的使用量要最小，尽可能不考虑采用不利于环境和有害于人体的原材料、辅材料作为包装材料。

（3）形成的废物量最少：这是指在包装用品加工及使用过程中产生的废料数量或体积都要最小。在包装废弃物处理时要大力提倡和重视材料再循环，例如，想方设法把包装件分离成不同种类的材料成分，并在恰当条件下使用可回收材料或重复利用包装容器等。

商品包装的四大要素：

（1）包装材料：包装材料是包装的物质基础，是包装功能的物质承担者。

（2）包装技术：包装技术是实现包装保护功能，保证内装商品质量的关键。

（3）包装结构造型：包装结构造型是包装材料和包装技术的具体形式。

（4）表面装潢：表面装潢是通过画面和文字美化、宣传和介绍商品的主要手段。

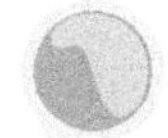

能力知识点 2　了解包装法律规范的含义和特点

一、包装法律规范的含义

包装法律规范，是指一切与包装有关的法律的总称。目前，我国的包装法律散见在各类相关的法律中，如《中华人民共和国专利法》（以下简称《专利法》）、《中华人民共和国商标法》（以下简称《商标法》）等。另外，出版、印刷等相关的法律中也有关于包装法的内容。

二、包装法律法规的特点

（1）强制性：是指在进行包装的过程中必须按照相应法律规范的要求进行，不得随意变更。包装法律法规具有这一特点是由于大部分包装法律都属于强制性法律规范，如《中华人

民共和国食品卫生法》（以下简称《食品卫生法》）、《一般货物运输包装通用技术条件》、《危险货物运输包装通用技术条件》、《危险货物包装标志》等，这些标准都是强制性的，是必须遵守的技术规范。

（2）标准性：是指包装法律多体现为国家标准或行业标准。标准化是现代化生产和流通的必然要求，也是现代化科学管理的重要组成部分，我国的包装立法也体现了这一特点。中国包装业协会制定了包装标准体系，主要包括以下四大类：①包装相关标准，主要包括集装箱、托盘、运输和储存条件的有关标准。②综合基础包装标准，包括标准化工作导则、包装标志、包装术语、包装尺寸、运输包装件基本试验方法、包装技术与方法和包装管理等方面的标准。③包装专业基础标准，包括包装材料、包装容器和包装机械标准。④产品包装标准，涉及建材、机械、轻工、电子、仪器仪表、电工、食品、农畜水产、化工、医疗器械、中药材、西药、邮政和军工 14 大类，每一大类产品中又有许多种类的具体标准。

（3）技术性：是指包装法律中包含大量以自然科学为基础而建立的技术性规范。包装具有保护物品不受损害的功能，特别是高精尖产品和医药产品，采取何种技术和方法进行包装将对物品有重要的影响。因此，国家颁布的包装法律规范含有很强的技术性。

（4）分散性：是指包装法律规范以分散的形态分布于各个相关的法律规范中。我国的包装法律不仅分散于各类与包装有关的法律中，如《食品卫生法》、《商标法》，还广泛地分布于有关主管单位的通知和意见中，如中华人民共和国铁道部颁发的一系列关于铁路运输包装的通知和规定等。

能力知识点 3　了解物流企业在包装中的法律地位

包装是物流的一个重要环节，在物流运转的仓储、运输、搬运装卸或者流通加工环节中均有可能涉及包装。因此，当物流企业承担包括包装在内的几种物流作业时，其法律地位首先应当根据物流服务合同确定，其次再根据物流企业是否与他人签订分包合同进一步加以确定。

小知识

知识产权是指民事主体对其创造性的智力劳动成果依法享有的专有权利。它可以分为工业产权和著作权（版权）两大部分，其中，工业产权包括专利权和商标权。包装中所涉及的知识产权主要为商标权和专利权。

一、自身进行包装活动的物流企业在物流包装中所处的法律地位

具有包装能力的物流企业，是指以自身的技术和能力完成物流过程中包装环节的物流企业。此时，物流企业根据其与物流需求方签订的物流服务合同，成为物流服务合同的一方当事人。其权利和义务由物流服务合同决定，同时在包装的过程中应该遵守国家相关法规和相应的标准。

物流公司在进行物流运输时，要对所运输的商品进行了解。如果包装容器（如内层为普通钢材质制成的集装箱）与其所装的商品（如浓硫酸等具有腐蚀性的原料）会发生化学反应，就有可能使得包装容器破损，导致内容物泄漏而发生事故。对金属具有腐蚀性的物质被装在金属桶内或内层为普通钢材质制成的集装箱内，就会腐蚀钢桶或集装箱，极易造成危险物质渗漏。案例导入三中，化工品生产厂与物流公司签订了合同，在明确告知所运输商品的详细情况后，物流公司仍然采用内层为普通钢材质制成的集装箱运输该批货物，损失完全是物流公司自己造成的，因此，化工品生产厂不会赔偿物流公司的损失。

向日本出口货物不能使用竹子做包装物，因为在包装中使用竹片可能夹带蛀虫，日本买方通常拒绝在包装中使用竹子。

二、自身不进行包装活动的物流企业在物流包装中所处的法律地位

如果该物流企业没有进行包装的能力或由于某种原因不亲自进行包装时，物流企业可以与其他主体（如专门的包装企业）签订劳务合同。此时，物流企业同时是两个合同的当事人，对物流服务合同而言，它是受托人，按照物流合同完成委托事项；对劳务合同而言，它是委托人，有权要求劳务提供者按照约定的时间和相应的标准完成包装事项。物流企业的权利和义务同时受到两个合同的调整和约束。

能力知识点 4　包装涉及能力知识点的知识产权

1. 商标权

商标权又称商标专用权，是指商标所有人在法律规定的有效期限内，对其经商标主管机关核准的商标享有独占地、排他地使用和处分的权利。商标通常印刷在包装上，特别是销售包装上，成为包装的一部分。它作为知识产权，受到法律的保护，在进行包装设计时要特别注意不要造成对商标权的侵害。

根据《商标法》，以下行为属于侵害商标权的行为：

1）未经商标注册人的许可，在同一种商品或者类似商品上使用与其注册商标相同或者近似的商标。

2）销售侵犯注册商标专用权的商品。

3）伪造、擅自制造他人注册商标标识或者销售伪造、擅自制造的注册商标标识。

4）未经商标注册人同意，更换其注册商标并将该更换商标的商品投入市场。

5）给他人的注册商标专用权造成其他损害。

2. 专利权

专利权是指专利主管机关依照《专利法》授予专利的所有人、持有人或者他们的继承人

在一定期限内依法享有的，对该专利制造、使用或者销售的专有权。根据我国《专利法》的规定，专利包括发明、实用新型和外观设计。

1）发明是指对产品、方法或者其改进所提出的新的技术方案。新的包装材料的发明可以申请发明专利。

2）实用新型是指对产品的形状、构造或者其结合所提出的适于实用的新的技术方案。新的包装形状可以申请实用新型专利。

3）外观设计是指对产品的形状、图案、色彩或其结合所作出的富有美感并适用于工业上应用的新设计。新的包装图案设计可以申请外观设计专利。

专利权是一种无形资产，在知识经济时代，专利作为一种资产的价值越来越明显，专利侵权的事情也越来越多。

此外，按出版、印刷方面法律的规定，有些文字、图案等在包装物上的使用也要受到限制。

活动建议

查资料：查找《商标法》中有关包装方面的问题。

知识拓展　常见商品包装的分类

一、按商业经营习惯分类

（1）内销包装：是指为了适应商品在国内销售而采用的包装，具有简单、经济、实用的特点。

（2）出口包装：是指为了适应商品在国外销售，针对商品的国际长途运输而采用的包装。在保护性、装饰性、竞争性和适应性上要求更高。

（3）特殊包装：是指为工艺品、美术品、文物、精密贵重仪器、军需品等采用的包装，一般成本较高。

二、按流通领域中的环节分类

（1）小包装：是指直接接触商品，与商品同时装配出厂，构成商品组成部分的包装。商品的小包装上多有图案或文字标识，具有保护商品、方便销售、指导消费的作用。

（2）中包装：是指商品的内层包装，通常称为商品销售包装，多为具有一定形状的容器等。它具有防止商品受外力挤压、撞击而损坏，或受外界环境影响而发生受潮、发霉、腐蚀等变质变化的作用。

（3）外包装：是指商品最外部的包装，又称运输包装，多是若干个商品集中的包装。商品的外包装上都有明显的标记。外包装具有保护商品在流通中安全的作用。

三、按包装材料分类

以包装材料为分类标志，商品包装可分为纸类、塑料类、玻璃类、金属类、木材类、复合材料类、陶瓷类、纺织品类和其他材料类等包装。

四、按防护技法分类

以包装的防护技法为分类标志，商品包装可分为贴体、透明、托盘、开窗、收缩、提袋、易开、喷雾、蒸煮、真空、充气、防潮、防锈、防霉、防虫、无菌、防震、遮光、礼品和集合包装等。

综合知识模块二

掌握普通货物、危险货物的包装法律规范

案例导入一

2009 年 3 月 1 日，丽都货物包装运输公司为广东宝宝乐玩具厂向东北地区打包托运一批玩具。按照玩具厂和铁路运输部门的要求，3 月 6 日该公司办完相应手续，顺利完成了打包托运任务。于是，宝宝乐玩具厂向丽都货物包装运输公司支付了费用。这是一个典型的物流公司承揽包装托运普通货物的案例。

案例导入二

铭航公司是以经营矿化工原材料、化工产品、危险品货物运输为主的物流企业，与济南威化化工厂签订了长期运输合同。2009 年 9 月 1 日，该公司为济南威化化工厂运输浓度为 98%的硫酸，运输途中在某县发生车祸，致使硫酸泄漏，造成环境污染，致使 20 亩（1 亩=666.6m^2）庄稼绝收，当地的饮用水遭到严重污染。该县要求赔偿损失，此责任由谁来承担？

能力知识点 1　掌握普通货物包装所涉及的法律规范

普通货物是指除危险货物、鲜活易腐货物以外的一切货物。与危险货物相比，普通货物的危险性大大小于危险货物，因而，其对包装的要求相对较低。物流企业在对普通货物进行包装时，有国家强制性的包装标准时，应当按照标准执行；在没有强制性规定时，应从适于仓储、运输和搬运，并适于商品的适销性的角度考虑，按照对普通货物包装的原则妥善地进行包装。

我国没有关于包装的专门法律，但是与货物销售、运输、仓储有关的法律、行政法规、部门规章、国际公约中都包含了对包装的规定，如我国的《合同法》、《海商法》、《食品卫生

法》、《水路货物运输规则》，以及《联合国国际货物销售合同公约》、《国际海运危险货物规则》等。除此之外，包装法律规范还包含各种包装标准。

一、普通货物包装应遵循的基本原则

1. 安全原则

（1）商品的安全：包装的第一大功能就是保护商品不受外界伤害，保证商品在物流的过程中保持原有的形态，不致损坏和散失。生产的商品最终要通过物流环节送达消费者手中，在这个过程中，商品经常会遇到一系列的威胁。例如，外力的作用，如冲击、跌落；环境的变化，如高温、潮湿；生物的入侵，如霉菌、昆虫的入侵；化学侵蚀，如海水、盐酸等的侵蚀；人为的破坏，如偷盗等。而包装则是对抗这些危险、保护商品的一道屏障。

（2）相关人员的人身安全：一些危险的商品，如农药、液化气等，具有易燃、易爆、有毒、腐蚀、放射性等特征，如果包装的性能不符合要求或者使用不当，很可能引发事故。对于这些商品，包装除起到保护商品不受损害的作用外，还可保护与这些商品发生接触人员的人身安全，如搬运工人、售货人员等的安全。包装如果不符合要求，将会造成严重的后果。

2. “绿色”原则

“绿色”原则是指物品或货物的包装符合环境保护的要求。环境保护是当今世界经济发展的主题之一，它在包装行业中也有所体现。世界上几乎所有用来包装食品和药品的材料，都是塑料制品。让人担忧的是在一定的介质环境和温度条件下，塑料中的聚合物单体和一些添加剂会溶出，并且会少量地转移到食品和药物中，从而引起急性或慢性中毒，严重的甚至会致癌。而且，由于世界每年消耗的塑料制品很多，它们在被使用后遭人抛弃成为垃圾，很难腐烂。因此，绿色包装问题是一个迫切需要解决的问题，在国外，已经有许多国家和地区开始行动，它们颁布法律，在包装中全面贯彻绿色意识。我国的包装立法还处于起步阶段，应该顺应国际包装的发展趋势，将“绿色”原则作为包装法的基本原则之一。

3. 经济原则

经济原则是指包装应该以最小的投入得到最大的收益。包装成本是物流成本的一个重要组成部分，昂贵的包装费用将会降低企业的收益率。特别是我国目前仍然处于社会主义的初级阶段，生产力还不发达，奢华的包装不仅会造成社会资源的极大浪费，还会产生不良的社会影响。但是，包装过于低价或者粗糙，也会降低商品的吸引力，形成商品销售的障碍。经济原则即是在两者之间达到平衡，使包装既不会造成资源浪费，又不会影响商品的销售。

二、普通货物销售包装的基本要求

商品生产的目的是为了销售，因此商品生产出来以后还要进行销售包装。

普通货物销售包装是指直接接触商品并随商品进入零售网点与消费者直接见面的包装。该包装的特点是外形美观，有必要的装潢，包装单位适于消费者的购买量以及商店陈设的要求。销售包装通常情况下由商品的生产者提供，但是，如果物流合同规定由物流企业为商品提供销售包装，则物流企业需要承担商品的销售包装义务，因此，物流企业在进行销售包装时需要按照销售包装的基本要求进行操作。在销售包装上，一般会附有装饰图画和文字说明，选择合适的装潢和说明将会促进商品的销售。销售包装的基本要求主要涉及以下几个方面：

（1）图案设计：图案是包装设计的三大要素之一，它包括商标图案、产品形象、使用场面、产地景色、象征性标志等内容。在图案的设计方面，使用各国人民喜爱的形象固然重要，但更重要的是避免使用商品销售地所禁忌的图案。

（2）文字说明：在销售包装上应该附一定的文字说明，表明商品的品牌、名称、产地、数量、成分、用途、使用说明等。在制作文字说明时一定要注意各国的管理规定。

（3）条码：商品包装上的条码是指按一定编码规则排列的条空符号，它由具有一定意义的字母、数字及符号组成，通过光电扫描阅读设备，可作为计算机输入数据的特殊代码语言。条码自1949年问世以来得到了广泛运用。20世纪70年代，美国将其运用到食品零售业。目前，世界上许多国家的商品都使用条码，许多国家的超级市场都使用条码进行结算。如果没有条码，即使是名优商品也不能进入超级市场。有些国家还规定，如果商品包装上没有条码，则不予进口。

三、普通货物运输包装的基本要求

普通货物在运输时，对包装也有一定要求。普通货物运输包装是指以强化运输、保护产品为主要目的的包装。货物的运输包装必须符合国家强制性标准《一般货物运输包装通用技术条件》，它对适用于铁路、公路、水运、航空承运的一般货物运输包装的总要求作了规定。运输包装如不符合该标准规定的各项技术要求，运输过程中一旦造成货损或对其他关系方的人身、财产造成损害，均由包装责任人承担赔偿责任。对包装不符合要求的货物，运输部门可以拒收。

运输包装的基本要求为：由于货物运输包装是以运输储存为主要目的的包装，因此必须具有保障货物安全、便于装卸储运、加速交接点验等功能，同时应确保在正常的流通过程中，能够抗御环境条件的影响而不发生破损、损坏等现象，保证安全、完整、迅速地将货物运至目的地。此外，货物运输包装还应符合科学、牢固、经济和美观的要求。

四、普通货物包装条款的要求

1. 包装的提供方

在物流服务合同中，包装条款应该载明包装由哪一方来提供。这样的规定不仅有助于明确物流企业在包装中所处的法律地位，而且有助于在由于包装的问题引起的货物损坏或灭失时划分责任。

2. 包装材料和方式

包装材料和方式是包装的两个重要方面，它分别反映了静态的包装物和动态的包装过程。包装材料条款主要载明采用什么包装材料，如木箱装、纸箱装、铁桶装、麻袋装等；包装方式条款则主要载明怎样进行包装。在这两点之外，可以根据需要加注尺寸、每件重量或数目、加固条件等。随着科学技术的发展，包装材料和包装方式也越来越精细，同样都是塑料包装，不同的塑料有不同的特性，所以在订立这一条款时应准确详细，以免产生不必要的纠纷。

3. 运输标志

运输标志是包装条款中的主要内容。运输标志通常表现在商品的运输包装（即以强化运输、保护产品为主要目的的包装）上。在贸易合同中，按照国际惯例，一般由卖方设计确定，也可由买方决定。运输标志会影响货物的搬运装卸，所以要在合同条款中明确说明。

五、订立包装条款时应注意的问题

1）合同中的有些包装术语如“适合海运包装”、“习惯包装”等，因可以有不同理解，从而容易引起争议，除非合同双方事先取得一致认识，否则应避免使用。尤其是设备包装条件，应在合同中作出具体明确的规定，如对特别精密的设备，除规定包装必须符合运输要求外，还应规定防震措施等条款。

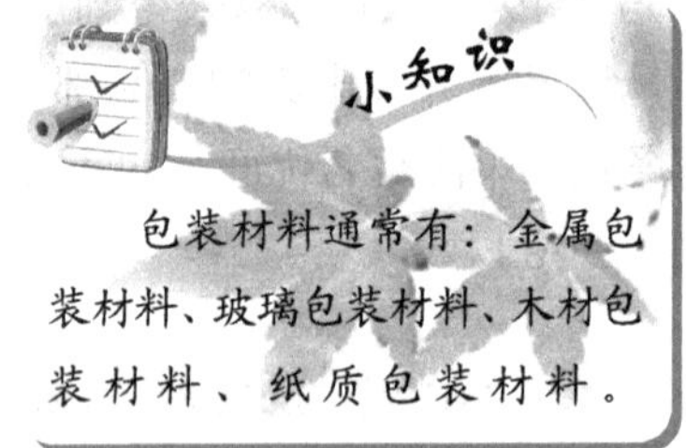

包装材料通常有：金属包装材料、玻璃包装材料、木材包装材料、纸质包装材料。

2）包装费用一般都包括在货价内，合同条款不必列入。但是，如果一方要求特殊包装，则可增加包装费用，如何计费及何时收费也应在条款中列明。如果包装材料由合同的一方当事人供应，则条款中应明确包装材料、到达时间、运期以及到达时该方当事人应负的责任。运输标志如由一方当事人决定，也应规定标志到达时间（标志内容须经卖方同意）及逾期不到时该方当事人应负的责任等。

包装上的标牌、标记：是指在货物的包装上钉上说明商品的性质、特征、规格、质量、产品批号和生产厂家等内容的标识牌。

3）包装条款不能太笼统。在一些合同中，包装条款仅写明“标准出口包装”。这是一个较为笼统的概念，在国际上还没有统一的标准来界定包装是否符合“标准出口包装”的要求。因此，国外一些客户在这方面大做文章，偷工减料，以减少包装成本。

能力知识点 2　掌握危险货物包装所涉及的法律规范

一、危险货物的含义

危险货物是指具有爆炸、易燃、毒害、腐蚀、放射性等性质，在运输、装卸和保管储存过程中容易造成人身伤亡和财产损毁而需要特别防护的货物。

由于危险货物自身的性质，我国对危险货物的包装采用了不同于普通货物的特殊要求，并且这些规定和包装标准均是强制性的，因此，物流企业在进行危险货物的包装时，应当严格按照我国的法律规定和标准执行，以避免危险货物在储存、运输、搬运装卸过程中出现重大事故。案例导入二中，铭航公司没有对运输的浓度为 98%的硫酸进行特殊包装处理，致使运输途中出现重大事故，应该负全责。

二、危险货物包装的基本要求

根据《危险货物运输包装通用技术条件》、《水路危险货物运输规则》及其他相关法规的规定，我国对危险货物包装的基本要求如下：

1）应该能够保护货物的质量不受损坏。

2）保证货物数量上的完整。

3）防止物流过程中发生的燃烧、爆炸、腐蚀、毒害、放射性辐射等事故造成的损害，保证物流过程的安全。

4）危险货物包装的基本要求、等级分类、性能试验、检验方法等都应该符合国家强制性标准。

根据《危险货物运输包装通用技术条件》的规定，对危险货物运输包装有特殊的要求。危险货物的运输包装即指运输中的危险货物的包装。除爆炸品、压缩气体、液化气体、感染性物品和放射性物品的包装外，危险货物的包装按其防护性能分为：Ⅰ类包装，即适用于盛装高度危险性的货物的包装；Ⅱ类包装，即适用于盛装中度危险性的货物的包装；Ⅲ类包装，即适用于盛装低度危险性的货物的包装。

危险货物运输所适用的国家标准是《危险货物运输包装通用技术条件》。该标准是由国家颁布的，它规定了危险货物运输包装的分级，运输包装的基本要求、性能测试和测试的方法，同时也规定了运输包装容器的类型和标记代号强制适用的技术标准。该标准强制适用于盛装危险货物的运输包装，是运输生产和检验部门对危险货物运输包装质量进行性能试验和检验的依据。该标准不适用于以下几种情况的包装：

1）盛装放射性物质的运输包装。

2）盛装压缩气体和液体气体的压力容器的包装。

3）净重超过 400 千克的包装；容积超过 450 升的包装。

根据《危险货物运输包装通用技术条件》的规定，对危险货物运输包装的强度、材质等有明确要求。危险货物运输包装的强度及采用的材质应满足以下基本要求：

1）危险货物运输包装应结构合理，具有一定强度，防护性能好。

2）包装的材质、形式、规格、方法和单件质量（重量），应与所装危险货物的性质和用途相适应，并便于装卸、运输和储存。

3）包装应该质量良好，其构造和封闭形式应能够承受正常运输条件下的各种作业风险。不因温度、湿度、压力的变化而发生任何泄漏，包装表面应该清洁，不允许粘附有害的危险物质。

4）包装与内装物直接接触部分必要时应该有内涂层或进行防护处理。

5）包装材质不得与内装物发生化学反应而形成危险产物或导致削弱包装强度；内容器应该固定。如果属于易碎的，应使用与内装物性质相适应的衬垫材料或吸附材料衬垫妥实；盛装液体的容器，应能经受在正常运输条件下产生的内部压力。灌装时必须留有足够的膨胀余地，除另有规定外，并应该保证在温度 55℃时，内装物不会完全充满容器。

6）包装封口应该根据内装物性质采用严密封口、液密封口或气密封口。

7）盛装需浸湿或夹有稳定剂的物质时，其容器封闭形式应能有效地保证内装液体、水溶剂或稳定剂的百分比在储运期间保持在规定范围内。

8）有降压装置的包装，排气孔设计和安装应能防止内装物泄露和外界杂质的混入。排出的气体量不得造成危险和污染环境。复合包装的内容器和外包装应紧密贴合，外包装不得有擦伤内容器的凸出物。

9）无论是新型包装、重复使用的包装，还是修理过的包装，均应符合危险货物运输包装性能测试的要求。

活动建议

到市场上看看商品的包装。

知 识 拓 展　危险货物包装容易出现的问题

1. 包装与其所装的内容物不相容

不相容是指包装容器与其所装的危险品会发生化学反应，从而降低包装的强度甚至使包装破损，导致内容物泄漏而发生事故。例如，某些对金属具有腐蚀性的物质被装在普通钢桶内就会腐蚀钢桶，极易造成危险物质渗漏。

2. 使用的包装不适合

主要表现在：①包装容器内所装的危险品的质量或相对密度超出了该包装所能承载内容物的最大质量或相对密度。例如，包装设计的最大质量为 25 千克，但是实际装入了超过 25 千克的内容物。又如，包装设计规定该包装所装内容物的相对密度不能超过 1.2，但是实际装入了相对密度超过 1.2 的内容物。②包装的安全级别未达到危险物所需求的包装类别。危险品共分为三个安全级别：Ⅰ类（高度）危险品、Ⅱ类（中度）危险品、Ⅲ类（低度）危险品，相对应地，这些危险品所使用的包装就需要分别达到Ⅰ、Ⅱ、Ⅲ类的要求，如某种需要

I 类包装装运的危险品，实际使用了 II 类或 III 类包装装运，则这种包装的使用是不合格的。③没有排气孔的包装装运了在储运过程中会释放出气体的危险品，如过氧化氢装入没有排气孔的塑料罐内，在储运过程中产生的大量气体极易造成包装破损发生泄漏、甚至爆炸。④包装容器内所装的危险品的单件质量或容积超出了有关危险品运输国际规则的最高限定。例如，国际规则规定某种包装装某种物质单件质量不得超过 30 千克，但实际装入了超过 30 千克的货物等。

3. 包装的使用不当

包装的使用不当，主要是由于工作人员在货物装入包装过程中操作不当造成的，主要包括：①包装在装入液体危险品后，盖子没有旋紧，使得危险品在储运过程中泄漏。②塑料袋类内包装热封不良或扎口松动，使得危险品在储运过程中泄漏。③在装入危险品时，腐蚀或损坏了包装的外表面。

4. 使用没有检验合格的包装

包装的理化性能在使用前没有按规定要求通过国家规定的检测机构检测合格。

5. 使用过期的包装

包装在使用前已经检测合格，但是由于长时间不用，待到需要使用时已超出了检测合格的有效期。一般来说，包装在储存期间会受到自然界不同程度的腐蚀，导致包装品质降低，成为危险品储运过程中发生事故的隐患。

6. 包装标记错误

包装标记与实际的包装情况不一致，如有涂膜和内衬的集装袋标记被打成 13H2（实际应该为 13H4），甚至有的包装上没有任何标记。

对于上述的种种现象，轻则会留下安全隐患、延误出运，重则可能会发生爆炸、燃烧、中毒等，造成人民生命和财产的重大损失，所以对上述问题不能掉以轻心，应引起足够的重视。

综合知识模块三

了解国际物流中的包装法律法规

国际物流是相对于国内物流而言的，是国内物流的延伸和发展，同样包括运输、包装、流通加工等若干子系统。各国根据国情对包装检疫的要求各不相同，通常对包装的材料作了相应的规定，各有侧重。在国际物流中选择包装材料十分重要，若选择不当，在海关检疫的过程中可能被禁止入境。这就要求物流企业在实际操作中了解进口国的法律法规、生活习惯，事前做好准备，避免不必要的损失。

案例导入

2004 年 9 月，美国出台未加工木质包装材料的进口规定，决定采纳《国际贸易中木质包装材料管理准则》（即 ISPM15 标准），并于 2005 年 9 月 16 日生效。该规定要求木质包装材料须经过热处理或者溴甲烷熏蒸处理，并使用批准的证明已处理的国际标志。2005 年 9 月 18 日，墨西哥一家货运公司抵达旧金山港，船上货物为没有经过任何热处理的木质包装材料，美国海关拒绝该批货物上岸，致使销售商造成严重损失。作为业内人士必须熟悉国际物流中的包装法律法规，对进出口货物的包装、运输严格把关。

能力知识点 1　了解国际物流中包装的特点及包装所应遵循的基本原则

一、国际物流中包装的特点

（1）国际物流对包装强度的要求较高：国际物流的过程与国内物流相比时间长、工序多，因此，在国际物流中，一种运输方式往往难以完成物流的全过程，经常采取多种运输方式联运，与此同时就增加了搬运装卸的次数及存储的时间。在这种情况下，只有增加包装的强度才能达到保护商品的作用。

（2）国际物流的标准化要求较高：这也是由国际物流过程的复杂性决定的。为了提高国际物流的效率，减少不必要的活动，便于商品顺利地流通，国际物流过程中对包装标准化程度的要求越来越高。

（3）国际物流涉及的国家较多：国际物流涉及两个或两个以上不同的国家，法律制度存在着差异，同时又存在着若干调整包装的国际公约，所以国际物流中与包装有关的法律适用更加复杂。

二、国际物流中包装所应遵循的法律法规

（1）国际物流参与国的国内法：国际物流是商品在不同国家的流动，所以其包装应该遵守相关国家的法律规定。这里的相关国家指的是物流过程的各个环节所涉及的国家，如运输起始地所在国、仓储地所在国、流通加工地所在国。国际物流中的包装必须遵守参与国际物流国家的关于包装的强制法，对于任意性的法律规定及当事人可以选择适用的法律，可以由当事人自行决定。

（2）相关的国际公约：目前世界上并没有专门规定商品包装的国际公约，但是在国际贸易以及国际运输领域的公约中包含着对商品包装的规定，如《汉堡规则》、《联合国国际货物买卖公约》等。

三、《国际海运危险货物规则》中对于危险货物包装的基本要求

1）包装的材质、种类应与所装危险货物的性质相适应。危险货物的种类不同，性质也有所差异，所以对包装的要求也不相同，这一点在一些化学制品上表现得十分明显。包装应该具备一定的强度，以保证在正常的海运条件下，包装内的物质不会散漏和受到污染。越危险的货物对包装的要求越高；同样危险的货物单件包装质量越大，对包装的强度要求越高。同时，包装的强度也应该与运输的长度成正比。包装的设计应考虑到在运输过程中温度、湿度的变化。包装应该保证在环境发生变化的情况下不发生损坏。

2）包装的封口应该符合所装危险货物的性质。在通常情况下，危险物质的包装封口应该严密，特别是易挥发、腐蚀性强的气体。但是，有些物质由于温度上升或其他原因会散发气体，使容器内的压力逐渐加大，导致危险的发生，对于这种货物，封口不能密封。所以采用什么样的封口应该由所装的危险货物的性质来决定，封口可以分为气密封口、液密封口。

3）内外包装之间应该有合适的衬垫。为防止内包装发生破裂、渗透和刺破，使货物进入外包装，应该在内外包装之间采取适当的减震衬垫材料。衬垫不能削弱外包装的强度，而且衬垫的材料还必须与所装的危险货物的性能相适应，以避免危险的发生。

4）包装应该能经受一定范围内温度和湿度的变化。在物流过程中，包装除应具有一定的防潮衬垫外，本身还要具有一定的防水、抗水性能。

5）包装的质量、规格和形式应便于装卸、运输和储存。每件包装的最大容积和最大净重均有规定。根据《国际海上危险货物运输规则》的规定，包装最大容量为450升，最大净重为400千克。同样，包装的外形尺寸与船舱的容积、载重、装卸机具应该相适应，以方便装卸、积载、搬运和储存。

能力知识点2　了解国际物流中运输包装的标志

在国际物流中，为了方便装卸、运输、仓储检验和交接工作的顺利进行，提高物流效率，防止发生错发错运、损坏货物与伤害人身等事故，保证货物安全、迅速、准确地交给收货人，同样要在运输包装上书写、压印、刷制各种有关的标志，用来识别和提醒人们操作时注意。相对于国内物流来说，国际物流中的运输包装标志更加重要，它们包括以下几种形式。

进口国为了保护本国的森林资源、农作物、建筑物，防止包装材料中夹带病虫害，以致传播蔓延而危害本国的资源，在货物进入海关时会进行检疫。

（1）运输标志：又称唛头，通常由一个简单的几何

图形和一些字母、数字及简单的文字组成。主要包括以下内容：目的地的名称或代号、收货人的代号、发货人的代号、件号、批号。有些运输标志还包括原产地、合同号、许可证号、体积和质量等内容。运输标志的内容繁简不一，由买卖双方根据商品特点和具体要求商定。顺应物流业迅速发展的要求，联合国欧洲经济委员会简化国际贸易程序工作组，在国际标准化组织和国际货物装卸协调协会的支持下，制定了一套运输标志，向各国推荐使用。该标准中的运输标志包括：收货人或买方名称的英文缩写字母和简称；参考号，如运单号、订单号、发票号；目的地名称；件号。

（2）指示性标志：它是提示人们在装卸、运输和保管过程中需要注意的事项，一般都是以简单、醒目的图形在包装中标出，故有人称其为注意事项。我国国家技术监督局发布的《包装储运图示标志》对指示性标志作出了规定，见表 7-1。

表 7-1　包装储运图示标志

序号	标志名称	标志图形	含　　义	序号	标志名称	标志图形	含　　义
1	易碎物品		运输包装件内装易碎品，因此搬运时应小心轻放	9	禁用叉车		不能用升降叉车搬运的包装件
2	禁用手钩		搬运运输包装件时禁用手钩	10	由此夹起		表明装运货物时夹钳放置的位置
3	向上		表明运输包装件的正确位置是竖立向上	11	此处不能卡夹		表明装卸货物时不能用夹钳夹持
4	怕晒		表明运输包装件不能直接照晒	12	堆码重量极限	…kgmax	表明该运输包装件所能承受的最大重量极限
5	怕辐射		包装内物品一旦受辐射便会完全变质或损坏	13	堆码层数极限	n	相同包装的最大堆码层数，n 表示层数极限
6	怕雨		包装件怕雨淋	14	禁止堆码		该包装件不能堆码，并且其上也不能放置其他负载
7	重心		表明一个单元货物的重心（投影点）	15	由此吊起		起吊货物时挂链条的位置
8	禁止翻滚		不能翻滚运输包装	16	温度极限		表明运输包装件应该保持的温度极限（右边横线为最高温度，左边横线为最低温度）

注：摘自 GB 191—2000。

根据商品性质的不同应该选择不同的标志，确保商品在整个物流过程中不受到错误的操作。由于国际物流的特殊性，标志上的文字大多采用英文。

（3）警告性标志：又称危险货物包装标志。主要危险货物标志，如图 7-1 所示。

图 7-1　主要危险货物标志

活动建议

1．查一查资料，看看各个国家对包装的要求。

2．查一查资料，了解《国际贸易中木质包装材料管理准则》。

知 识 拓 展　《国际贸易中木质包装材料管理准则》

国际植物保护公约组织于 2002 年制定了第 15 号植物检疫措施国际标准——《国际贸易中木质包装材料管理准则》（即 ISPM15 标准），目的在于规范国际贸易中货物木质包装质量，防止农林有害生物随木质包装在世界范围内传播和扩散。

ISPM15 标准要求所有进境木质包装必须进行检疫处理，并加贴国际标识。植物检疫措施国际标准中的处理方法：

1）热处理，即木材中心温度至少达到 56℃，持续 30 分钟以上，其他方法只要达到热处理要求，可以视为热处理。

2）溴甲烷熏蒸处理，即熏蒸最低温度不低于 10℃，时间不少于 16 小时。

3）输入国家或地区认可的其他除害处理方法。

第八单元　物流活动中有关保险的法律法规

本单元学习导引图

物流活动中有关保险的法律法规

- **了解保险合同知识**
  - 了解保险合同的概念及法律特征
  - 学会保险合同的订立、解除和转让
  - 明确保险合同条款及其主要内容
- **国际货物运输保险简介**
  - 了解海上货物运输保险
  - 了解陆上货物运输保险
  - 了解《伦敦保险协会航空货物运输保险条款》的主要内容

学习目标

通过本单元的学习，了解保险合同的概念及法律特征，熟悉保险合同的订立、解除和转让，明确保险合同条款及其主要内容，了解海上、陆上货物运输保险以及《伦敦保险协会航空货物运输保险条款》的主要内容，学会在物流活动中利用保险为企业服务。

综合知识模块一

了解保险合同知识

物流活动涉及生产、流通等各个方面，包括运输、储存、装卸、搬运、包装、流通加工、配送、信息处理等诸多环节，在每一个环节中经常会有一些事故发生，物流活动双方为了使损失降低到最小，往往都会参加保险，这样必然会受到保险法律规范的约束和调整，因此，有必要对物流活动中有关保险的法律法规知识进行学习。

案例导入

黑龙江农垦农资公司（下称农垦公司）于 2009 年 7 月 10 日与阳光保险公司签订了保险合同，对农垦公司的货物进行投保，保险单号码为“黑货承 09/019”，保险单对货物名称、数量、价值、运输方式、保险责任期间、保险金额等作了规定。之后，农垦公司将被保险货物交由黑龙江省佳木斯飞鸾海运公司所属的“鸾江”轮承运。7 月 13 日，当该轮航至哈尔滨流域时，船体遇强力震动，造成货仓进水，并湿损货物。根据保险条款，该损失属阳光保险公司保险责任范围，农垦公司即提交出险通知书及有关单证向阳光保险公司索赔。阳光保险公司能赔偿农垦公司保险吗？

能力知识点 1　了解保险合同的概念及法律特征

一、保险合同的概念

保险合同是指由被保险人支付保险费，保险人按照约定，对被保险人遭受保险事故造成保险标的的损失和产生的责任负责赔偿的合同。下面对保险合同基本用语的含义按照习惯加以简要说明。

（1）保险人：是指收取保险费并在保险事故发生后依照合同约定支付保险赔偿金的人（如案例导入中的阳光保险公司）。在我国，保险人必须是由有关机构批准设立的，专门经营保险业务的保险公司及其分公司，或是经国家批准的办理保险业务的其他法人，或者是外国的保险公司或保险机构。

（2）被保险人：是指以其财产或利益向保险人投保，并在保险事故发生后可以取得约定保险赔偿金的人（如案例导入中的农垦公司）。被保险人不同于投保人。投保人是向保险人缴纳保险费并与之签订保险合同的人。投保人可以是被保险人本人，也可以是其代理人或代表。

（3）保险标的：是指作为保险对象的财产、利益或责任（如案例导入中农垦公司的货物，即保险单号码为“黑货承 09/019”的货物）。

（4）保险利益：是指被保险人对财产、利益或责任所具有的经济上的利害关系。这种利害关系有两种含义：①保险事故的发生会使被保险人失去某种经济利益。②保险事故的发生会使被保险人承担某种经济责任。所以，保险利益不一定是投保时就存在的，但必须是保险事故发生后事实上存在的。只有对某种财产、利益或责任具有真正的保险利益的人，才能作为被保险人订立保险合同（如案例导入中农垦公司的损失）。

（5）保险事故：是指为防止其引起的后果而进行保险的事件，即保险人负责赔偿的事由（如案例导入中的船体遇强力震动，造成货仓进水，并湿损货物）。

（6）保险价值：是指保险标的的实际价值，即保险单中标明的货物价值。

（7）保险金额：是指保险人根据保险单对保险标的所受损失给予赔偿的最高数额。保险金额一般由双方当事人约定，但约定的保险金额不得超过保险价值，否则，超过部分无效。保险金额可以低于保险价值，这种情况通常称为不足额保险。

（8）保险责任期间：是指保险人对所发生的事故负损失赔偿责任的时间段。实践中，对保险责任期间常通过两种方法加以确定：①以具体日历的年、月、日区间来确定。②以某一事件的发生或消灭来确定。保险人为了有效地限制责任，往往把上述两种方法结合起来使用。

二、保险合同的法律特征

（1）保险合同是双务有偿合同：保险合同的双方当事人互负义务，且投保人取得保险的经济保障，是以支付保险费为代价的。

（2）保险合同是格式合同：保险合同的基本条款是由保险人事前依法拟订的。

（3）保险合同是射幸合同：射幸合同是指以将来可能发生的事件（机会）作为标的的合同。保险合同的投保人交付保险费的义务是确定的，保险人仅在不可预料的保险事故发生时，承担支付保险金的义务。由于承保的危险具有不确定性，决定了当事人分担保险标的的损失只是一个机会。当然，保险合同的射幸性并不影响保险事故发生时保险人给付保险金义务的确定性。

（4）保险合同是诺成、非要式合同：投保人提出保险要求，经保险人同意承保，并就合同的条款达成协议，保险合同即告成立。至于保险人应当及时向投保人签发的保险单或其他保险凭证等，并不是保险合同本身，也不影响合同的效力，只不过是记载该合同的正式书面凭证。因此，保险合同是诺成、非要式合同。

（5）保险合同是最大诚意合同：保险合同的缔结与履行须基于当事人的最大诚意。投保人的告知义务、担保义务、危险通知义务等，都是诚意的集中体现。违反上述义务，保险人有权解除合同，或者不负赔偿义务。

（6）保险合同主体的限定性：投保人对保险标的应当具有保险利益，否则保险合同无效。

（7）保险合同具有补偿性和受益性，它的目的在于稳定社会经济：保险赔偿金的支付不是基于保险人的过错，也不以其责任为前提。它的实质只是一种补偿金，是对因为自然原因或意外事故而造成的保险标的的损失进行补偿。这种自然灾害或意外事故是可能发生的或偶然发生的，或者在投保当时仍未发生或未能预见的，其发生与否不以保险人或被保险人的意志为转移。因其发生而产生的补偿，不同于由于侵权或违约等引起的赔偿。

能力知识点2 学会保险合同的订立、解除和转让

一、保险合同的订立

被保险人提出保险要求，经保险人同意，并就保险合同的条款达成协议后，合同即告成立。合同成立后，保险人应当及时签发保险单或其他保险单证，并在其中载明约定的内容，以作为合同的证明。当合同内容与上述保险单证上载明的内容相矛盾时，应以合同内容为准，因为合同的法律地位优于保险单或保险单证的地位。

二、保险合同的解除

被保险人违反最大诚信原则，即没有如实告知有关重要情况时，保险人可以解除合同。如果被保险人是故意不如实告知的，即存在隐瞒或欺诈，保险人可解除合同且不退还保险费；对合同解除前发生保险事故造成的损失不负赔偿责任。如果不是出于被保险人的故意，保险人可解除合同或要求相应增加保险费，并对解除合同前发生保险事故造成的损失负赔偿责任，但是，未告知或者错误告知的重要情况对保险事故的发生有重大影响的除外。

保险责任发生前，被保险人可以要求解除合同，但应当向保险人支付手续费，由保险人退还保险费。保险责任发生后，除非合同另有约定，双方均不得解除合同；依合同约定解除合同的，保险费按实际保险期间收取，余额应退还被保险人。

三、保险合同的转让

保险合同可以由被保险人在保险单上背书或者以其他方式转让，合同的权利和义务随之转移。合同转让时尚未支付保险费的，被保险人和合同受让人负连带责任。背书转让方式在保险中经常被采用，保险单经转让后成为正式的保险合同，并随货物所有权的转移而转移，无须征得保险人的同意。

能力知识点 3　明确保险合同条款及其主要内容

一、保险合同的条款

1. 保险合同的基本条款

保险合同一般应当包括下列事项：保险人名称和住所；投保人、被保险人名称和住所；保险标的；保险责任和责任免除；保险期间和保险责任开始时间；保险价值；保险金额；保险费支付方法；保险金赔偿或者给付办法；违约责任和争议处理；订立合同的年、月、日。

2. 保险合同的特约条款

保险合同的特约条款，是保险合同当事人于基本条款之外，自行约定履行特种义务的条款。特约条款依其性质可分为协会条款、保证条款和附加条款。

3. 免责条款

保险合同中规定有关保险人责任免除条款的，保险人在订立保险合同时应当向投保人明确说明，未说明的，该条款不产生效力。

二、保险合同的主要内容

1. 被保险人的义务（如案例导入中的农垦公司）

（1）严格遵守最大诚信：被保险人应当将其知道的或者在通常业务中应当知道的有

关影响保险人据以确定保险费率或者确定是否同意承保的重要情况，如实告知保险人；被保险人还应履行保险条款的义务，在违反合同约定的保证条款时，应当立即书面通知保险人。

（2）支付保险费：除合同另有约定外，保险费应当在合同订立后立即支付给保险人。

（3）减损义务：一旦发生保险事故，被保险人应立即通知保险人，并采取必要的合理措施，防止或减少损失；或者，当其收到保险人要求采取防止或减少损失的合理措施的特别通知后，应当按照通知的要求处理。

（4）协助保险人行使代位求偿权：被保险人应当在取得保险赔偿后，向保险人提供必要的文件和其所需要知道的情况，使保险人得以向有责任的第三人实际行使追偿权。

2. 保险人的义务（如案例导入中的阳光保险公司）

1）当发生保险事故造成损失后，保险人应当及时向被保险人支付保险赔偿，这是保险赔偿原则最重要的体现。

2）在保险标的损失赔偿之外，另行支付被保险人为防止或者减少根据合同可以得到赔偿的损失而支出的必要的合理费用，为确定保险事故的性质、程度而支出的检验、估价的合理费用，以及为执行保险人的特别通知而支出的费用。

由于保险合同为格式合同，因此，对于保险合同的条款，保险人与投保人、被保险人有争议时，人民法院或者仲裁机关应当作出有利于被保险人的解释。

三、货运物流保险理赔

1. 保险合同下的保险索赔

保险人与被保险人之间的保险合同形式习惯上是以保单来体现的。保单具有法律效力，对双方当事人均有约束。一份有效的保单必须载明这样一些基本内容：

1）当事人的名称和地址。

2）保险标的。

3）保险风险和事故的种类。

4）保险金额。

5）保险费书。

6）保险责任开始的日期、时间和保险期限。

7）订立合同的日期。

其他事项可由保险人和被保险人协商后加注在保险单上。

2. 保险损害赔偿原则的确定

1）被保险人对保险标的必须具有保险权益，否则不能依据保险合同提出赔偿。

2）保险合同内的标的必须具有损害发生的事实，而且所发生的损害与运输风险有关。

3）赔偿不是保险标的的归还，而是在经济上给予补偿。

4）同一标的不能向两家以上不同的保险公司投保，否则属重复保险，保单无效。如果投保人在不了解具体做法的情况下，同时在两家以上保险公司投保，则应在从其中一家得到赔偿后作出声明，否则会构成欺骗行为。

3. 在保险理赔中，涉及第三者责任的索赔的原则

1）凡属发货人的过失所致，如货物残损、数量短缺、包装不牢等，则由收货人直接申请检验出证，并及时将商检证书和有关单证备妥，在规定的期限内向发货人提出索赔。

2）如货物的损害是由于承运人过失所致，收货人根据承运人的签证，申请检验出证，连同有关货运单证交卸货口岸的保险公司或船公司代理。

3）涉及国内装卸和运输部门责任的货损事故，收货人应立即向有关责任方取得货运记录，直接向其提出索赔，或向保险人提出索赔。

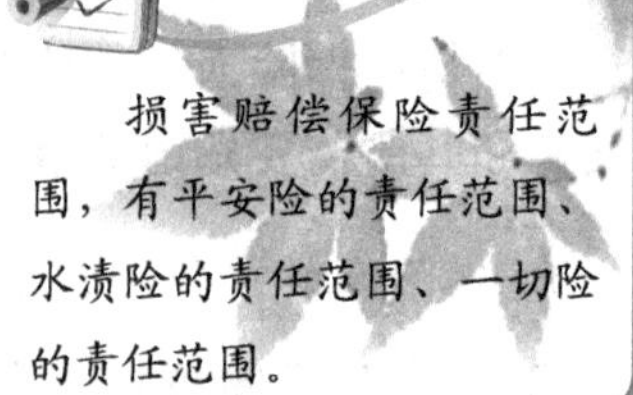

小知识

损害赔偿保险责任范围，有平安险的责任范围、水渍险的责任范围、一切险的责任范围。

4）在国内负责中转由于运输安排过失造成的货损货差事故，收货人应向责任方提出索赔，保险人不负责任。

活动建议

走访你所在地区的保险公司，了解货物保险情况。

综合知识模块二

国际货物运输保险简介

国际货物运输保险是指保险人与被保险人双方约定由被保险人将国际运输中的货物作为保险标的向保险人投保，当保险标的遭到意外损失时保险人按照保险单的规定给予被保险人经济赔偿的一种补偿性措施。

国际贸易货物的运送有海运、陆运、空运以及通过邮政送递等多种途径。国际贸易中，一笔交易的货物从卖方转移到买方，一般都要经过长途运输，在这一过程中可能遇到各种风险，从而使货物遭受损失。为了保障货物受损后能获得经济上的补偿，货主一般都要投保货物运输险。国际上没有统一的货物运输保险法，实践中保险人与被保险人的权利和义务是由各国的国内法和当事人双方订立的保险合同确定的。

国际贸易运输保险的种类以其保险标的的运输工具种类相应地分为四类：海上货物运输保险、陆上货物运输保险、航空货物运输保险、邮包保险。国际贸易中，货物的运输全过程有时使用两种或两种以上的运输工具，这时往往以货运全过程中主要的运输工具来确定投保何种保险种类。

案例导入

2009 年 6 月某日，某抽纱进出口公司与中国太平洋保险公司签订海上货物运输保险合同。该抽纱进出口公司把从上海运往圣彼得堡的 9 127 箱玩具向中国太平洋保险公司投保了一切险和战争险，责任期间是仓至仓。运抵目的地后，收货人会清关提走货物。如果按计划如期、安全地将货物运送到目的地，按照合同规定该抽纱进出口公司付给中国太平洋保险公司保费；如果运输过程中造成货物损失，中国太平洋保险公司将对该抽纱进出口公司进行赔偿。2009 年 6 月末，货物安全抵达。

能力知识点 1　了解海上货物运输保险

海上货物运输保险通常又称水险，是指对运输中的货物因海上自然灾害或意外事故所导致的损失给予补偿的一种保险，这种保险基本属于财产保险范畴。海上货物运输保险虽然具有保险的基本性质，但与其他保险存在着区别，主要表现为它与海上航运密不可分，其保险标的主要是海运船舶和海运货物及其相关责任，其保险承保的风险主要是海上风险和外来风险。

一、海上风险

海上风险又称海难，是保险业上的专门用语，它包括海上发生的自然灾害和意外事故。自然灾害是指由于自然界变化引起的破坏力量所造成的灾害，如恶劣气候、雷电、洪水、流冰、地震、海啸、火山爆发等人力不可抗拒的灾害。意外事故是指由于偶然的、非意料之中的原因所造成的事故。在海上保险业务中，意外事故并不是泛指海上意外事故，而是仅指运输工具遭受搁浅、触礁、沉没，船舶与流冰或其他物体碰撞，以及失踪、失火、爆炸等。

二、外来风险

外来风险是指由外来原因引起的风险。保险领域中所说的外来原因，是指不是必然发生的而是由外部因素导致的，例如，由被保险货物的自然属性、内在缺陷所引起的自然损耗，就属于必然的损失。

外来风险又可分为一般外来风险与特殊外来风险。

一般外来风险是指被保险货物在运输途中由于偷窃、雨淋、短量、玷污、残漏、破碎、受潮受热、串味、生锈等一般外来原因所造成的风险损失。

特殊外来风险是指由于战争、罢工、交货不到、拒收、政府禁令等特殊外来原因所造成的风险损失。

三、海上货物运输保险承保的损失

在海上货物运输保险中，保险公司承保的损失是由于海上风险与外来风险所造成的损坏或灭失，简称海损。按照各国海运保险业务的习惯和国际保险市场的解释，与海运连接的陆运和内河运输过程中所发生的损害或灭失，也属于海损范围。就货物损失的程度而言，海损可分为全部损失与部分损失。

1. 全部损失

全部损失是指运输过程中的整批货物或不可分割的一批货物的全部损失或灭失，简称全损，具体又可分为实际全损和推定全损。

1）实际全损包括四种情况：①保险标的物完全灭失。②保险标的物完全变质，商业价值和原有用途受到损害。③被保险人对保险标的物的所有权已无可挽回地被完全剥夺。④载货船舶失踪已达到一定期限（6个月），仍杳无音讯。

2）推定全损是指被保险货物受损后，实际全损已不可避免；或者恢复、修复受损货物加上继续运至目的地所需费用总和将超过货物完好运达目的地的实际价值。在发生推定全损时，投保人可要求保险人按部分损失赔偿，也可要求作为推定全损赔偿全部损失。但是，如果要求按推定全损赔付，投保人必须向保险人发出委付通知。所谓委付，是指投保人表示愿意将保险标的物的全部权利和义务转移给保险人，并要求保险人按全损赔偿的一种行为。委付必须经保险人同意接受后才能生效。

2. 部分损失

部分损失是指被保险货物的一部分损失或灭失，具体又分为共同海损和单独海损。

（1）共同海损：载货船舶在海洋运输途中，遇到危及船、货的共同危险，船长为了维护船舶和所有货物的共同安全或使航程得以继续完成，有意识地并且合理地作出某些特殊牺牲或支付一定的牺牲费用，这些特殊牺牲和费用称为共同海损。

共同海损是因采取救难措施而引起的，它的成立必须具备三个条件：①船方在采取紧急措施时，危及船、货共同安全的危险实际存在或不可避免。②船方采取的解除船、货共同风险的措施，必须是有意识且合理的。③所做的牺牲是特殊性质的，支出的费用是额外支付的，而且牺牲和费用的支出必须是有效果的。

共同海损的牺牲和费用都是为了使船舶及所载货物免于遭受损失而付出的，因而应由船舶、货物或代理等方按最后获救价值的多少依比例分摊，即共同海损分摊。由于船舶发生共同海损所涉因素较为复杂，因而一般都委托专门机构和人员办理其理算工作。

目前，世界上大多数海运国家都设有自己的海损理算工作机构，我国的海损理算工作由中国国际贸易促进委员会海损理算处负责办理。国际上影响最大的海损理算规则是《约克—安特卫普规则》，该规则内容详细、方法合理，已被许多国家采用，成为具有国际性质的海损理算规则。

（2）单独海损：单独海损是指共同海损以外的部分损失。它与共同海损的主要区别是：①造成海损的原因不同。单独海损是承保风险所直接导致的船、货损失；而共同海损则是为了解除或减轻共同危险而人为地造成的损失。②承担损失的责任不同。单独海损的损失一般由受损方自行承担；而共同海损的损失，则应由受益的各方按其受益大小的比例共同分摊。

四、海上货物运输保险承保的费用

被保险货物遭受保险责任范围以内的灾害或事故，除了会使货物本身受到损失外，还会造成费用方面的支出。这些费用，保险人也给予赔偿，主要包括以下几个方面。

（1）施救费用：施救费用是指当保险标的物遭受保险责任范围以内的灾害或事故时，由被保险人或其代理人、雇佣人员和受让人等采取措施，施救被保险货物，以避免或减轻损失所支付的费用。

（2）救助费用：救助费用是指保险标的物遭受承保责任范围内的灾害或事故时，由保险人和被保险人以外的第三者采取救助措施，被救方向救助方支付的报酬。

五、海上货物运输保险合同的订立与形式

国际货物运输保险合同属于财产保险合同的范畴。在英美国家，保险合同由投保人通过作为代理人的保险经纪人订立。在我国，没有保险经纪人为中间人时，投保人需直接向保险公司投保，由被保险人提出保险要求，经保险人同意承保，并就货物保险条款达成协议后，合同成立。保险合同的形式，一般以保险单据来表示。海上货物运输保险合同的形式主要有以下几种。

（1）保险单：被保险人与保险人之间订立的正式保险合同的书面凭证。它是一种正规的保险合同，也是使用最多的保险单据形式。

（2）保险凭证：一种简化的保险合同，仅载明被保险人名称，被保险标的的名称、数量、标记，载货船名，承保险别，起讫地点和保险金额等。而对保险人、被保险人的权利、义务等方面的详细条款则不予说明，通常按保险单所载条款办理。

（3）联合凭证：保险公司将保险编号、承保险别和保险金额加注在外贸公司开具的出口货物商业发票上，作为承保的凭证。

（4）预约保险单：保险公司承保被保险人在一定时期内发运的以 CIF 条件成交的大批量的进口货物时使用的保险凭证。这种保险单载明预约保险货物的范围、保险险别和保险费率，以及整批货物的最高保险金额、保险费结算办法等。

六、海上货物运输保险险别

保险险别是指保险公司对风险和损失的承担责任范围，是保险人与投保人行使或履行权利与义务的基础，也是保险人承担责任大小和被保险人缴付保险费多少的依据。中国人民保险公司参照国际保险市场的一般习惯做法，并结合我国实际情况，自行制定了各种保险条款，总称为“中国保险条款”，其中包括《海洋运输货物保险条款》和《海洋运输货物战争险条款》。目前使用的货物运输保险条款是 1981 年 1 月 1 日的修订本。

中国人民保险公司根据《海洋运输货物保险条款》承保的保险险别有基本险别与附加险

别之分。基本险别是可以独立承保的保险险别，分为平安险、水渍险和一切险三种；附加险别是不能单独投保的险别，包括一般附加险和特殊附加险。

1. 基本险

（1）平安险：这是最常见的一种险别。其原意是“对单独海损不赔”，即对部分损失不负责赔偿，只赔全部损失。但是，经过长期实践，平安险的责任范围已进行了补充和修订。当前平安险的责任范围已经超过只赔全损的限制，它对下列损失和费用负责赔偿。

1）被保险货物在运输途中由于恶劣气候、雷电、海啸、地震、洪水等自然灾害造成整批货物的全部损失或推定全损。

2）由于运输工具遭受搁浅、触礁、沉没、互撞、与流冰或其他物体碰撞以及失火、爆炸等意外事故造成货物的全部或部分损失。

3）在运输工具已经发生搁浅、触礁、沉没、焚毁等意外事故的情况下，货物在此前后又在海上遭受恶劣气候、雷电、海啸等自然灾害所造成的部分损失。

4）在装卸或转运时由于一件或数件整件货物落海造成的全部或部分损失。

5）被保险人对遭受承保责任内危险的货物采取抢救、防止或减少货损的措施而支付的合理费用（以不超过该批货物的保险金额为限）。

6）运输工具遭遇海难后，在避难港由于卸货所引起的损失以及在中途港、避难港由于卸货、存仓以及运送货物所产生的特别费用。

7）共同海损的牺牲、分摊和救助费用。

8）运输契约订有“船舶互撞责任”条款时，根据该条款规定应由货方偿还船方的损失。

（2）水渍险：其责任范围除包括上列平安险的各项责任外，还包括被保险货物由于恶劣气候、雷电、海啸、地震、洪水等自然灾害所造成的部分损失。

（3）一切险：其责任范围除包括平安险和水渍险的所有责任外，还包括货物在运输过程中，因各种外来原因所造成的保险货物的损失。

上述三种基本险，后者的责任范围包括了前者的责任范围。实践中，由被保险人根据货物的运输要求，选择其中一种投保。

2. 一般附加险

一般附加险是附加在平安险、水渍险之上的险别，是被保险人为了寻求对货物更完善的保障，而在投保平安险或水渍险之后选择附加投保的非独立险别。一般附加险承保的风险都包括在一切险之内，所以投保了一切险之后，便不需投保一般附加险。一般附加险包括偷窃提不着货险、淡水雨淋险、短量险、混杂或玷污险、渗漏险、碰损或破碎险、串味险、受热或受潮险、钩损险、包装破裂险和锈损险等 11 个险别。它们的含义分别是在保险责任期间内发生偷窃提不着货、淡水雨淋、短量、混杂玷污或渗漏、串味等情况造成货物损失时，保险人负责相应赔偿。

上述 11 种一般附加险不能独立投保，它们只能附加于平安险或水渍险项目之下。但是，它们可以重叠，即被保险人可以在投保了平安险或水渍险后，附加投保上述一种或几种一般附加险。

3. 特别附加险

特别附加险主要承保由于社会原因、行政原因等特殊人为原因造成的损失。它也属于一种附加险，但不属于一切险的责任范围。它包括交货不到险、进口关税险、拒收险、黄曲霉素险、舱面险、战争险和罢工险等。

能力知识点2　了解陆上货物运输保险

一、陆上货物运输保险的承保责任范围

陆上货物运输保险险别分为陆运险和陆运一切险两种。

1）陆运险的承保责任范围与海上货物运输保险条款中的“水渍险”相似，即被保险货物在运输途中由于遭遇暴雨、雷电、地震、洪水等自然灾害，或由于运输工具遭受碰撞、倾覆、出轨，或在驳运过程中，驳运工具由于遭受搁浅、触礁、沉没、碰撞，或由于遭受隧道坍塌、崖崩，或由于失火、爆炸等意外事故所造成的全部损失或部分损失，保险公司均负责赔偿。此外，被保险人对遭受承保责任内风险的货物采取抢救措施、防止或减少货物损失的措施而支付的合理费用，保险公司也负责赔偿，但以不超过该批被救货物的保险金额为限。

2）陆运一切险的承保责任范围与海上货物运输保险中的“一切险”相似，即保险公司在承担上述陆运险的赔偿责任外，还负责赔偿被保险货物在运输途中由于外来原因所造成的短少、短量、偷窃、渗漏、破损、破碎、钩损、雨淋、生锈、受热、发霉、串味、玷污等的全部或部分损失。

二、航空货物运输保险的承保责任范围

航空货物运输保险险别分为航空运输险和航空运输一切险两种。

1）航空运输险的承保责任范围与海上货物运输保险条款的“水渍险”大体相同，即保险公司负责赔偿被保险货物在运输途中由于遭受雷电、火灾、爆炸，或由于飞机遭受碰撞、倾覆、坠落、失踪等意外事故所造成的全部或部分损失。

2）航空运输一切险的承保责任范围除包括上述航空运输险的责任外，保险人对被保险货物在运输途中由于被偷窃、短少等外来原因所造成的全部或部分损失也负责赔偿。

三、邮政包裹保险的承保责任范围

这种保险承保邮包在运输途中因自然灾害、意外事故和外来原因所造成的损失。由于邮包货物的运送通常采用海、陆、空三种运输方式中的一种、两种或三种，并且在邮包运输过程中可能遭受各种风险或损失，因此，通过邮包运输的进出口货物一般都要向保险公司投保。邮政包裹保险险别包括邮包险和邮包一切险两种基本险别。

（1）邮包险：被保险的邮包在运输途中，由于恶劣气候、雷电、海啸、地震、洪水等自然灾害，或者由于运输工具搁浅、触礁、沉没、碰撞、倾覆、出轨、坠落、失踪，或由于失火、爆炸等意外事故所造成的全部或部分损失，保险公司均负责赔偿。此外，被保险人对遭受承保责任内风险的货物采取抢救措施、防止或减少货物损失的措施而支付的合理费用，保险公司也负责赔偿，但以不超过该批被救货物的保险金额为限。

（2）邮包一切险：承保责任范围除上述邮包险的责任外，保险人对被保险货物在运输途中由于被偷窃、短少等外来原因所造成的全部或部分损失也负责赔偿。邮包保险的保险责任，是自被保险邮包离开保险单上所载明的起运地点自寄件人的处所运往邮局时开始生效，直至被保险邮包运达保险单上所载明的目的地邮局，邮局签发到货通知单给收件人当日午夜起算满15天为止。但在此期间内，邮包已经送交至收件人的处所时，保险责任即告终止。

能力知识点3　了解《伦敦保险协会航空货物运输保险条款》的主要内容

一、保险责任

航空货物运输保险通常采用一切险承保责任，保险公司负责承担包括航空运输险的全部责任，还负责被保险货物由于外来原因所致的全部或部分损失。航空货物运输保险的责任范围与海运保险及陆运保险的一切险雷同。

二、除外责任

该条款规定因战争、罢工和下列原因所致的灭失、毁损或费用均不负责：

1）可归属于被保险人的故意或违法行为的灭失、损毁或费用。

2）保险标的物的漏损、失重或自然消耗。

3）由于保险标的物的不良或不良包装、搭配引起的灭失。

4）因运载工具对保险标的物的不安全运送原因所引起的灭失、损毁或费用，但仅限于被保险人或其受雇人，对于保险标的物的运载工具则不适合。

5）保险标的物的固有瑕疵或本质缺陷所引起的灭失、毁损或费用。

6）因延迟为近因所致的灭失、毁损或费用。

7）由于运输飞机的所有人、经理人、租用人或营运人的破产或债务所引起的灭失、毁损或费用。

8）任何使用原子、核子武器或其他类似武器引起的保险标的物的灭失、毁损或费用。

三、保险期限

《伦敦保险协会航空货物运输保险条款》规定：自保险标的物离开本保险单所载起运地点的仓库或储存处所时开始生效，并在正常的运输过程中继续有效，出现下列情形之一时终止：

1）至本保险单所载目的地或途中的任何其他仓库、储存处所。

2）至本保险单所载目的地或中途的任何其他仓库、储存处所而为被保险人用作以下用途：①正常运输过程以外的储存。②分配或分送非本保险单货物。

3）至本保险标的物在最终卸载地，自飞机卸载后起届满 30 天。

四、赔偿责任

该条款规定航空货物运输保险人的赔偿责任为两种：一种是对每一飞机的最高责任额限额；另一种是每一次空灾事故的总责任额限额。前者是以保障运输货物价值为标准，后者是以保障终点站的集中损失为主。两者都以在损失时目的地货损的实际现金价值为限。

活动建议

查资料看看国际保险理赔情况。

知识拓展　国际贸易货物运输保险程序

在国际贸易中，由哪一方负责办理投保国际运输保险，应根据买卖双方商订的价格条件来确定。办理国际运输保险的一般程序是：

1. 确定投保国际运输保险的金额

投保金额是计算保险费的依据，也是货物发生损失后计算赔偿的依据。按照国际惯例，投保金额应按发票上的到岸价格的预期利润计算。但是，各国市场情况不尽相同，对进出口贸易的管理办法也各有不同。

2. 填写国际运输保险投保单

保险单是投保人向保险人提出投保的书面申请，其主要内容包括被保险人的姓名，被保险货物的品名、标记、数量及包装，保险金额，运输工具名称，开航日期及起讫地点，投保险别，投保日期及签章等。

3. 支付保险费，取得保险单

保险费按投保险别的保险费率计算。保险费率是根据不同的险别、不同的商品、不同的运输方式、不同的目的地，并参照国际上的费率水平而制订的。它分为一般货物费率和指明货物加费费率两种。前者是一般商品的费率，后者是指特别列明的货物（如某些易碎、易损商品）在一般费率的基础上另行加收的费率。

交付保险费后，投保人即可取得保险单。保险单实际上已构成保险人与被保险人之间的保险契约，是保险人的承保证明。在发生保险范围内的损失或灭失时，投保人可凭保险单要求赔偿。

4. 提出索赔手续

当被保险的货物发生属于保险责任范围内的损失时，投保人可以向保险人提出赔偿要求。

被保险货物运抵目的地后，收货人如发现整件短少或有明显残损，应立即向承运人或有关方面索取货损或货差证明，并联系保险公司指定的检验理赔代理人申请检验，提出检验报告，确定损失程度；同时向承运人或有关责任方提出索赔。属于保险责任的，可填写索赔清单，连同提单副本、装箱单、保险单正本、磅码单、修理配置费凭证、第三者责任方的签证或商务记录以及向第三者责任方索赔的来往函件等向保险公司索赔。索赔应当在保险有效期内提出并办理，否则保险公司可以不予办理。

附　　录

附录A　部分合同样本

1.1　货物运输合同

甲方：______________________________　乙方：_______________________

地址：______________________________　地址：_______________________

邮编：______________________________　邮编：_______________________

电话：______________________________　电话：_______________________

法定代表人（委托代理人）：_________________

法定代表人（委托代理人）：_________________

开户行：____________________________　开户行：_____________________

账　户：____________________________　账　户：_____________________

甲乙双方为携手合作，促进发展，满足利益，明确责任，依据中华人民共和国有关法律的规定，本着诚实信用、互惠互利的原则，结合双方实际，协商一致，特签订本合同，以求共同恪守。

第一条　货物名称、规格、数量、价款

货物编号	品名（编码）	（质量/kg）/（体积/m^3）	单　位	单　价	数　量	金　额

第二条　包装要求

托运人必须按照国家主管机关规定的标准包装；没有统一规定包装标准的，应根据保证货物运输安全的原则进行包装，否则，承运人有权拒绝承运。

第三条　货物起运地点：______________________________

货物到达地点：______________________________

第四条　货物承运日期：______________________________

货物运到日期：______________________________

第五条　运输质量及安全要求：_________________________

第六条 货物装卸责任和方法：______________________________

第七条 收货人领取货物及验收方法：________________________

第八条 运输费用、结算方式：______________________________

第九条 各方的权利和义务

一、托运人的权利和义务

（1）托运人的权利：要求承运人按照合同规定的时间、地点，把货物运输到目的地。货物托运后，托运人需要变更到货地点、收货人或者取消托运时，有权向承运人提出变更合同的内容或解除合同的要求。但必须在货物未运到目的地之前通知承运人，并应按有关规定付给承运人所需费用。

（2）托运人的义务：按约定向承运人交付运杂费。否则，承运人有权停止运输，并要求对方支付违约金。托运人托运的货物，应按照规定的标准进行包装，遵守有关危险品运输的规定，按照合同中规定的时间和数量交付托运货物。

二、承运人的权利和义务

（1）承运人的权利：向托运人、收货人收取运杂费。如果收货人不交或不按时交纳规定的各种运杂费，承运人对其货物有扣押权。查不到收货人或收货人拒绝提取货物时，承运人应及时与托运人联系，在规定期限内负责保管并有权收取保管费用，对于超过规定期限仍无法交付的货物，承运人有权按有关规定予以处理。

（2）承运人的义务：在合同规定的期限内，将货物运到指定的地点，按时向收货人发出货到的通知。对托运的货物要负责安全，保证货物无短缺、无损坏、无人为的变质，如有上述问题，应承担赔偿义务。在货物到达以后，按规定的期限负责保管。

三、收货人的权利和义务

（1）收货人的权利：在货物运到指定地点后有以凭证领取货物的权利。必要时，收货人有权向到站或中途货物所在站提出变更到站或变更收货人的要求，并签订变更协议。

（2）收货人的义务：在接到提货通知后，按时提取货物，缴清应付费用，超过规定期限提货时，应向承运人交付保管费。

第十条 违约责任

一、托运人责任

1）未按合同规定的时间和要求提供托运的货物，托运人应按其价值的一定比例偿付给承运人违约金。

2）由于在普通货物中夹带、匿报危险货物，错报笨重货物重量等而招致调具断裂、货物摔损、调机倾翻、爆炸、腐蚀等事故，托运人应承担赔偿责任。

3）由于货物包装缺陷产生破损，致使其他货物或运输工具、机械设备被污染腐蚀、损坏，甚至造成人身伤亡，托运人应承担赔偿责任。

4）在托运人专用线或在港公用线、站公用线、专用铁道装的货物，到站卸货时发现货物损坏、缺少，在车辆施封完好或无异状的情况下，托运人应赔偿收货人的损失。

5）罐车发运货物，因未随车附带规格质量证明或化验报告，造成收货人无法卸货时，托运人应偿付承运人卸车等费用和违约金。

二、承运人责任

1）不按合同规定的时间和要求配车（船）发运的，承运人应偿付托运人违约金。

2）承运人如将货物错运到货地点或收货人，应无偿运至合同规定的到货地点或收货人。如果货物逾期到达，承运人应偿付逾期交货的违约金。

3）运输过程中货物灭失、短少、变质、污染、损坏，承运人应按货物的实际损失（包括装费、运杂费）赔偿托运人。

4）联运的货物发生灭失、短少、变质、污染、损坏，应由承运人承担赔偿责任的，由终点阶段的承运人向负有责任的其他承运人追偿。

5）在符合法律和合同规定条件下运输，由于下列原因造成货物灭失、短少、变质、污染、损坏的，承运人不承担违约责任：

① 不可抗拒。

② 货物本身的自然属性。

③ 货物的合理损耗。

④ 托运人或收货人本身的过错。

本合同正本一式两份，合同双方各执一份；合同副本四份，送进出口有限公司和负责运输的汽车司机各一份，甲乙双方各留一份。

托 运 人：________________________　承 运 人：________________________

代 表 人：________________________　代 表 人：________________________

电　　话：________________________　电　　话：________________________

地　　址：________________________　地　　址：________________________

开户银行：________________________　开户银行：________________________

账　　号：________________________　账　　号：________________________

签约日期：______年____月____日订

1.2　仓储合同

存 货 方：________________________　住　　所：________________________

保 管 方：________________________　住　　所：________________________

签订地点：________________________

签订时间：______年____月____日

根据《中华人民共和国合同法》有关规定，存货方和保管方根据委托储存计划和仓储容量，经双方协商一致，签订本合同。

第一条　储存货物的品名、品种、规格、数量、质量和包装。

1）货物品名。

2）品种规格。

3）数量。

4）质量。

5）货物包装。

第二条 货物验收的内容、标准、方法、时间和资料。

第三条 货物保管条件和保管要求。

第四条 货物入库、出库手续，时间，地点，运输方式。

第五条 货物的损耗标准和损耗处理。

第六条 计费项目、标准和结算方式。

第七条 违约责任。

一、保管方的责任

1）在货物保管期间，未按合同规定的储存条件和保管要求保管货物，造成货物灭失、短少、变质、污染、损坏的，应承担赔偿责任。

2）对于危险物品和易腐物品等未按国家和合同规定的要求操作、储存，造成毁损的，应承担赔偿责任。

3）由于保管方的责任，造成退仓不能入库时，应按合同规定赔偿存货方运费和支付违约金______元。

4）由保管方负责发运的货物，不能按期发货，应赔偿存货方逾期交货的损失；错发到货地点，除按合同规定无偿运到规定的到货地点外，并赔偿存货方因此而造成的实际损失。

5）其他约定责任。

二、存货方的责任

1）由于存货方的责任造成退仓不能入库时，存货方应偿付相当于相应保管费______%（或______%）的违约金。超过议定储存量储存的，存货方除交纳保管费外，还应向保管方偿付违约金______元，或按双方协议办理。

2）易燃、易爆、易渗漏、有毒等危险货物以及易腐、超限等特殊货物，必须在合同中注明，并向保管方提供必要的保管运输技术资料，否则造成的货物毁损、仓库毁损或人身伤亡，由存货方承担赔偿责任直至刑事责任。

3）货物临近失效期或有异状的，在保管方通知后不及时处理，造成的损失由存货方承担。

4）未按国家或合同规定的标准和要求对储存货物进行必要的包装，造成货物损坏、变质的，由存货方负责。

5）存货方已通知出库或合同期已到，由于存货方（含用户）的原因致使货物不能如期出库，存货方除按合同的规定交付保管费外，并应偿付违约金______元。由于出库凭证或调拨凭证上的差错所造成的损失，由存货方负责。

6）按合同规定由保管方代运的货物，存货方未按合同规定及时提供包装材料或未按规定期限变更货物的运输方式、到站、接货人，应承担延期的责任和增加的有关费用。

7）其他约定责任。

第八条 保管期限：从______年____月____日至______年____月____日止。

第九条　变更和解除合同的期限。

由于不可抗力事故，致使直接影响合同的履行或者不能按约定的条件履行时，遇有不可抗力事故的一方，应立即将事故情况电报通知对方，并应在______天内，提供事故详情及合同不能履行，或者部分不能履行，或者需要延期履行的理由的有效证明文件，此项证明文件应由事故发生地区的______机构出具。按照事故对履行合同影响的程度，由双方协商解决是否解除合同，或者部分免除履行合同的责任，或者延期履行合同。

第十条　解决合同纠纷的方式：执行本合同发生争议，由当事人双方协商解决。协商不成，双方同意由______仲裁委员会仲裁（当事人双方不在本合同中约定仲裁机构，事后又没有达成书面仲裁协议的，可向人民法院起诉）。

第十一条　货物商检、验收、包装、保险和运输等其他约定事项。

第十二条　本合同未尽事宜，一律按《中华人民共和国合同法》和《仓储保管合同实施细则》执行。

存货方（章）：____________________　　保管方（章）：____________________

地　　址：____________________　　地　　址：____________________

法定代表人：____________________　　法定代表人：____________________

委托代理人：____________________　　委托代理人：____________________

电　　话：____________________　　电　　话：____________________

电　　挂：____________________　　电　　挂：____________________

开户银行：____________________　　开户银行：____________________

账　　号：____________________　　账　　号：____________________

邮政编码：____________________　　邮政编码：____________________

有效期限：______年____月____日至______年____月____日

1.3　保管合同

保管人：________________________　　寄存人：________________________

保管人与寄存人就物品的保管达成如下协议：

1）保管物品的名称、数量、种类和质量等。

2）在保管期间，保管人应妥善保管保管物，不得使用保管物。

3）寄存人应依约支付保管费______元。如保管物有瑕疵或按照保管物的性质需要采取特殊保管措施的，应将有关情况告知保管人。

4）保管人与寄存人未依照法律及约定履行各自义务的，依《中华人民共和国合同法》的规定或当事人的约定承担损害赔偿责任。

5）本合同自保管物交付时起成立。

保管人：（签字）　　　　　　　　寄存人：（签字）

______年____月____日

1.4 加工承揽合同

承 揽 方：____________________ 定 做 方：____________________
地　　址：____________________ 地　　址：____________________
邮　　编：____________________ 邮　　编：____________________
电　　话：____________________ 电　　话：____________________
法定代表人：__________________ 法定代表人：__________________
职　　务：____________________ 职　　务：____________________

定做方委托承揽方加工，经双方充分协商，特订立本合同，以便共同遵守。

第一条　加工成品

第二条　加工成品质量要求

第三条　原材料的提供办法及规格、数量、质量

1）用承揽方原料完成工作的，承揽方必须依照合同规定选用原材料，并接受定做方检验。承揽方隐瞒原材料的缺陷或者用不符合合同规定的原材料而影响定做质量时，定做方有权要求重做、修理、减少价款或退货。

2）用定做方原材料完成工作的，应当明确规定原材料的消耗定额。定做方应按合同规定的时间、数量、质量、规格提供原材料，承揽方对定做方提供的原材料要按合同规定及时检验，不符合要求的，应立即通知定做方调换或补齐。承揽方对定做方提供的原材料不得擅自更换，对修理的物品不得偷换零部件。

3）交（提）原材料等物品日期计算，参照第七条规定执行。

第四条　技术资料、图纸提供办法

1）承揽方在依照定做方的要求进行工作期间，发现提供的图纸或技术要求不合理，应当及时通知定做方；定做方应当在规定的时间内回复，提出修改意见。承揽方在规定的时间内未得到答复，有权停止工作，并及时通知定做方，因此造成的损失，由定做方赔偿。

2）承揽方对于承揽的工作，如果定做方要求保密，应当严格遵守，未经定做方许可不得留存技术资料的复制品。

3）定做方应当按规定日期提供技术资料、图纸等。

第五条　价款或酬金

按照国家或主管部门的规定执行，没有规定的由当事人双方商定。

第六条　验收标准和方法

1）按照合同规定的质量要求、图纸和样品作为验收标准。

2）定做方应当按合同规定的期限验收承揽方所完成的工作。验收前承揽方应当向定做方提交必需的技术资料和有关质量证明。对短期检验难以发现质量缺陷的定做物或项目，应当由双方协商，在合同中规定保证期限。保证期限内发生问题，除定做方使用、保管不当等原因造成的以外，由承揽方负责修复或退换。

3）当事人双方对承揽的定做物和项目质量在检验中发生争议时，可由法定质量监督检

验机构提供检验证明。

第七条 交货的时间和地点

1）交（提）定做物期限应当按照合同规定履行。任何一方要求提前或延期交（提）定做物，应当在事先与对方达成协议，并按协议执行。

2）交（提）定做物日期计算：承揽方自备运输工具送交定做物的，以定做方接收的戳记日期为准；委托运输部门运输的，以发运定做物时承运部门签发戳记日期为准；自提定做物的，以承揽方通知的提取日期为准，但承揽方在发出提取定做物通知中，必须留给定做方以必要的途中时间；双方另有约定的，按约定的方法计算。

第八条 包装要求及费用负担

第九条 运输办法及费用负担

第十条 结算方式及期限

第十一条 其他约定

第十二条 承揽方的违约责任

1）未按合同规定的质量交付定做物或完成工作，定做方同意利用的，应当按质论价，酌减酬金或价款；不同意利用的，应当负责修整或调换，并承担逾期交付的责任；经过修整或调换后，仍不符合合同规定的，定做方有权拒收，由此造成的损失由承揽方赔偿。

2）交付定做物或完成工作的数量少于合同规定，定做方仍然需要的，应当照数补齐，补交部分按逾期交付处理；少交、迟交部分定做方不再需要的，承揽方应赔偿定做方因此造成的损失。

3）未按合同规定包装定做物，需返修或重新包装的，应当负责返修或重新包装，并承担因此而支付的费用。定做方不要求返修或重新包装而要求赔偿损失的，承揽方应当偿付定做方该不合格包装物低于合格包装物的价值部分。因包装不符合合同规定造成定做物毁损、灭失的，由承揽方赔偿损失。

4）逾期交付定做物（包括返修、更换、补交等），应当向定做方偿付违约金______元（合同中无具体规定的，应当比照中国人民银行有关延期付款的规定，按逾期交付部分的价款总额计算，向定做方偿付违约金）；以酬金计算的，每逾期一天，按逾期交付部分的酬金总额的1‰偿付违约金。未经定做方同意，提前交付定做物，定做方有权拒收。

5）不能交付定做物或不能完成工作的，应当偿付不能交付定做物或不能完成工作部分价款总值的______%（10%～30%）或酬金总额的______%（20%～60%）的违约金。

6）异地交付的定做物不符合合同规定，暂由定做方代保管时，应当偿付定做方实际支付的保管费、保养费。

7）实行代运或送货的定做物，错发到达地点或接收单位（人），除按合同规定负责运到指定地点或接收单位（人）外，并承担因此多付的运杂费和逾期交付定做物的责任。

8）由于保管不善致使定做方提供的原材料、设备、包装物及其他物品毁损、灭失的，应当偿付定做方因此造成的损失。

9）未按合同规定的办法和期限对定做方提供的原材料进行检验，或经检验发现原材料不符合要求而未按合同规定的期限通知定做方调换、补齐的，由承揽方对工作质量、数量承担责任。

10）擅自调换定做方提供的原材料或修理物的零部件，定做方有权拒收，承揽方应赔偿定做方因此造成的损失。如定做方要求重做或重新修理，应当按定做方要求办理，并承担逾期交付的责任。

第十三条 定做方的违约责任

1）中途变更定做物的数量、规格、质量或设计等，应当赔偿承揽方因此造成的损失。

2）中途废止合同，属承揽方提供原材料的，偿付承揽方未履行部分价款总值的______%（10%～30%）的违约金；不属承揽方提供原材料的，偿付承揽方以未履行部分酬金总额的______%（20%～60%）的违约金。

3）未按合同规定的时间和要求向承揽方提供原材料、技术资料、包装物等或未完成必要的辅助工作和准备工作，承揽方有权解除合同，定做方应当赔偿承揽方因此而造成的损失；承揽方不要求解除合同的，除交付定做物的日期得以顺延外，定做方应当偿付承揽方停工待料的损失。

4）超过合同规定期限领取定做物的，除按本条第5）款规定偿付违约金外，还应当承担承揽方实际支付的保管、保养费。定做方超过领取期限6个月不领取定做物的，承揽方有权将定做物变卖，所得价款在扣除报酬、保管费、保养费后退还给定做方；变卖定做物所得少于报酬、保管费、保养费时，定做方还应补偿不足部分；如定做物不能变卖，应当赔偿承揽方的损失。

5）超过合同规定日期付款，应当比照中国人民银行有关延期付款的规定向承揽方偿付违约金；以酬金计算的，每逾期一天，按酬金总额的1‰偿付违约金。

6）无故拒绝接收定做物，应当赔偿承揽方因此造成的损失及运输部门的罚款。

7）变更交付定做物地点或接收单位（人），承担因此而多支出的费用。

第十四条 不可抗力

在合同规定的履行期限内，由于不可抗力致使定做物或原材料毁损、灭失的，承揽方在取得合法证明后，可免予承担违约责任；在定做方迟延接受或无故拒收期间发生的，定做方应当承担责任，并赔偿承揽方由此造成的损失。

第十五条 纠纷的处理

加工承揽合同发生纠纷时，当事人双方应协商解决；协商不成按第（　　）项处理：

1）向仲裁机关申请仲裁。

2）向人民法院起诉。

本合同自______年______月______日起生效，合同履行完毕即失效。本合同执行期间，双方不得随意变更和解除合同。合同如有未尽事宜，由双方共同协商，作出补充规定，补充规定与本合同具有同等效力。

本合同正本一式两份，定做方和承揽方各执一份；合同副本一式______份，交______（如经鉴证或公证，则应送鉴证机关或公证机关）各留存一份。

定做方：______________________　　承揽方：______________________

代表人：______________________　　代表人：______________________

______年____月____日　　______年____月____日

1.5　货物配送合同书

甲　　方：________________________

地　　址：________________________

乙　　方：________________________

地　　址：________________________

根据《中华人民共和国合同法》，本着互利互惠的原则，就甲方委托乙方配送货物事宜，为了明确双方的责任，经双方协商，特签订本合同。

第一条　运输货物（名称、规格、数量）。严禁运输国家禁运、易燃、易爆物品

编　号	品　名	规　格	单　位	单　价	数　量

第二条　包装要求

甲方必须按照国家主管机关规定的标准包装货物，没有统一规定包装标准的，应根据保证货物运输安全的原则进行包装，否则乙方有权拒绝承运。

第三条　配送区域

________________________________地区及省内各市县城。

第四条　合同期限

一年，从______年____月____日至______年____月____日，合同期满后，经双方就合同约定价格再行协商，在同等条件下优先续签。

第五条　运输质量及安全要求

乙方必须用符合甲方配送货要求的车辆，为甲方实行优质、快捷、安全的 B2B 配送货服务。保证甲方的货物按规定要求、时间，保质保量地配送至目的地。每天运输前双方议定运输重量，超重时价格另定。

第六条　货物装卸责任

货物的装车工作由乙方负责，卸车工作由收货人负责，在装卸过程中发生的一切责任由装、卸方承担。

第七条　收货人领取货物及验收办法

收货人凭有效证件、单据（或凭据）与乙方对证验收，领取货物。

第八条　收费标准与费用结算方式

甲方收到乙方所提供的符合本合同约定的单据后，在每月 15 日结算上月的费用。

第九条　双方的权利和义务

一、甲方的权利与义务

1. 甲方的权利

（1）负责将货物配齐，要求乙方按照约定的时间、地点、收货人，把货物配送到目的地。

配送通知发乙方后，甲方需变更到货地点、收货人或者取消通知时，有权向乙方提出，但必须在货物未运到目的地之前，并应按有关规定付给乙方费用。

（2）有权对乙方的配送货过程进行监督、指导。

（3）委托的货物应遵守国家有关法律的规定，并符合包装标准。

2. 甲方的义务

（1）按约定时间向乙方交付配送费用。

（2）应向乙方提供有关配送货业务的相应单据文件（包括产品、型号、数量、客户准确地址及电话号码、联系人等）。

（3）指派专人负责与乙方联系并协调配送货过程中的有关事宜。

（4）合同期内，乙方是甲方省内区域（包括市郊）的惟一配送商，未经乙方同意，甲方不得另寻配送商，否则，乙方可解除合同。

二、乙方的权利和义务

1. 乙方的权利

向甲方收取配送费用。查不到收货人或收货人拒绝领取货物时，乙方及时与甲方联系，在规定期限内负责保管并有权向甲方收取保管费用。

2. 乙方的义务

（1）根据甲方的业务需要与发展，提供相应的运输能力，即提供不同的厢车。

（2）在约定的时限内（见下表），将货物运到指定的地点，按时向收货人发出货物到达的通知。对托运的货物要负责安全，保证货物无短缺、无损坏。在货物到达以后，按规定的期限负责保管。

到达时间标准表

地　　区	标准时间/h
地区	6
省内各市县城	24

注：当天配送货物都按当天 18:00 开始计算。

（3）乙方应在甲方指定的地点提取货物，在装货过程中，乙方的驾驶员应负责进行监装，对装货过程中的不当操作有责任指出并纠正，乙方将货物送往甲方指定的目的地和收货人，由收货人、乙方司机双方签字盖章确认。交货时如发现产品损坏或产品、数量、型号、规格不符等问题，乙方应要求收货人注明，收货人所盖印章应为商家签订的配送委托书规定的公章或收货专用章，乙方凭甲方认可的配送反馈单与甲方进行结算。

第十条　违约责任

一、甲方责任

（1）不按时与乙方结算配送费用，每超一天偿付给乙方当月结算费用 1%的违约金，但由于乙方提供的结算单据不及时除外。

（2）因甲方原因，造成乙方的承运车不能及时返回，甲方应根据当次加付运费10%作为补偿金（规定卸货时间为2小时）。

（3）甲方有责任为乙方营造良好的服务环境，如甲方员工在货物配送过程中发生以下现象之一的，甲方应向乙方支付违约金________元/次：①不按预约时间装卸货物。②装卸货物当中有野蛮装卸行为，乙方指出后，甲方工作人员不及时更改。③甲方协调不到位，造成乙方被投诉。④甲方发错货，造成乙方承运货物到达商场后，商场拒收，返程运费由甲方支付。

（4）由于在货物中夹带、匿报危险货物，而招致货物破损、爆炸，造成人身伤亡的，甲方应承担由此造成的一切责任。

二、乙方责任

（1）乙方送货到达时间每晚于规定时间一天，应向甲方支付当次运输费10%的违约金（阻车、修路、交通管制除外）。因乙方原因致使送达目的地错误，应自费将货物送达甲方要求的目的地，因此给甲方造成的损失由乙方负责赔偿。

（2）经双方确认，货物在运输途中造成的破损、遗失、短缺等任何损失，由乙方负责赔偿，赔偿值按批发价计算，且乙方不得擅自拆除货物并重新包装，因以上原因造成甲方违约或其他损失的，由乙方负责赔偿。

（3）乙方有责任为甲方提供优质服务，如乙方员工在货物配送过程中发生以下现象之一的（属于乙方责任造成的），乙方应向甲方支付违约金200元/次，同时乙方应继续履行合同：①不按时运送货物，造成用户投诉。②在运输过程中，损坏货物并强行留给用户，造成用户投诉。③在装卸货物中，司机刁难用户，造成用户投诉。④在运送过程中，送错货物，造成用户投诉。

（4）在符合法律和合同规定条件下的运输，由于下列原因造成货物灭失、短少、损坏的，乙方不承担违约责任：①不可抗力。②货物本身的自然属性。③甲方或收货人本身的过错。

三、其他

（1）甲方仅支付乙方运费。在运输途中发生的其他一切费用（如过路、过桥费等）全部由乙方负责，具体支付标准详见合同附件《价格表》。

（2）双方不能以任何形式向公众透露对方的商业机密，否则，由此引起的任何损失（如名誉受损、经济受损等）均由泄密方负责赔偿。

（3）因不可抗力的原因，影响本合同不能履行、部分不能履行或延期履行时，遇有不可抗力事故的一方，应立即将事故情况通知对方，并详细提供事故详情及造成合同不能履行，或者部分不能履行，或者延期履行的理由及所有相关的文件资料。

（4）一方违约，另一方有权以书面形式通知对方解除本合同或双方签订的其他合同、协议，合同自发出通知之日起 30天后解除，由违约方承担违约责任。

（5）自本合同生效之日起，甲乙双方原先签订的产品配送合同自动作废。

（6）本合同如有未尽事宜，应由双方协商解决；协商不成时，按下列第________种方式解决：①向________仲裁委员会申请仲裁。②向人民法院起诉。

（7）本合同一式两份，合同双方各执一份。

甲方（盖章）：________	乙方（盖章）：________
签约代表：________	签约代表：________
开 户 行：________	开 户 行：________
银行账号：________	银行账号：________
电　　话：________	电　　话：________
____年___月___日	____年___月___日
签订地点：________	签订地点：________

附录 B　部分物流相关法规检索目录

1.《一般货物运输包装通用技术条件》
2.《运输包装件尺寸界限》
3.《运输包装件质量界限》
4.《海运出口危险货物包装检验管理办法》
5.《危险货物运输包装通用技术条件》
6.《危险货物运输包装类别划分原则》
7.《水陆危险货物运输规则》
8.《铁道部颁布的危险货物运输规则》
9.《海运出口危险货物包装检验管理办法》
10.《国际海上危险货物运输规则》
11.《空运进出口危险货物包装检验管理办法（试行）》
12.《铁路运输出口危险货物包装容器检验管理办法（试行）》
13.《联合国国际货物多式联运公约》
14.《联运单证统一规则》
15.《国际集装箱多式联运管理规则》
16.《统一提单的若干法律规则的国际公约（海牙规则）》
17.《修改统一提单的若干法律规则的国际公约议定书（维斯比规则）》
18.《一九七八年联合国海上货物运输公约（汉堡规则）》
19.《国内水路货物运输规则》
20.《中华人民共和国海关法》
21.《中华人民共和国货物进出口管理条例》
22.《中华人民共和国铁路法》
23.《中华人民共和国公路法》
24.《中华人民共和国进出口商品检验检疫法》
25.《中华人民共和国进出口商品检验法实施条例》

26.《道路货物运输业务开业技术经济条件》

27.《外商投资道路运输业立项审批管理暂行规定》

28.《道路零担货物运输管理办法》

29.《道路大型物件运输管理办法》

30.《道路危险货物运输管理规定》

31.《关于开展试点设立外商投资物流企业工作有关问题的通知》

32.《国际铁路货物联运协定》

33.《国际铁路货物统一运价规程》

34.《铁路货物运价规则》

35.《中国民用航空货物国际运输规则》

36.《中华人民共和国国际海运条例》

37.《国内水路运输法规》

38.《中华人民共和国水路运输服务业管理规定》

39.《中华人民共和国公路管理条例》

40.《中华人民共和国道路交通管理条例》

41.《公路运输管理暂行条例》

42.《公路运输管理费征收和使用规定》

43.《汽车货物运输规则》

44.《公路货物运输合同实施细则》

45.《大型集装箱运输货物暂行规定》

46.《道路货物运输服务业管理办法》

47.《中华人民共和国合同法》

附录 C　国家物流术语标准

1　范围

本标准确定了物流活动中的基本概念术语、物流作业术语、物流技术装备与设施术语、物流管理术语及其定义。

本标准适用于物流及相关领域的信息处理和信息交换，亦适用于相关的法规、文件。

2　引用标准

下列标准所包含的条文，通过在本标准中引用而构成为本标准的条文。本标准出版时，所示版本均为有效。所有标准都会被修订，使用本标准的各方应探讨使用下列标准最新版本的可能性。

GB/T 1992—1985 集装箱名词术语（neq IS0830:1981）

GB/T 4122.1—1996 包装术语基础

GB/T 17271—1998 集装箱运输术语

3　基本概念术语

3.1　物品 article

经济活动中涉及到实体流动的物质资料。

3.2　物流 logistics

物品从供应地向接收地的实体流动过程。根据实际需要，将运输、储存、装卸、搬运、包装、流通加工、基本功能实施有机结合。

3.3　物流活动 logistics activity

物流诸功能的实施与管理过程。

3.4　物流作业 logistics operation

实现物流功能时所进行的具体操作活动。

3.5　物流模数 logistics modulus

物流设施与设备的尺寸基准。

3.6　物流技术 logistics technology

物流活动中所采用的自然科学与社会科学方面的理论、方法，以及设施、设备、装置与工艺的总称。

3.7　物流成本 logistics cost

物流活动中所消耗的物化劳动和活劳动的货币表现。

3.8　物流管理 logistics management

为了以最低的物流成本达到用户所满意的服务水平，对物流活动进行的计划、组织、协调与控制。

3.9　物流中心 logistics center

从事物流活动的场所或组织，应基本符合下列要求：

1）主要面向社会服务。

2）物流功能健全。

3）完善的信息网络。

4）辐射范围大。

5）少品种、大批量。

6）存储、吞吐能力强。

7）物流业务统一经营、管理。

3.10　物流网络 logistics network

物流过程中相互联系的组织与设施的集合。

3.11　物流信息 logistics information

反映物流各种活动内容的知识、资料、图像、数据、文件的总称。

3.12　物流企业 logistics enterprise

从事物流活动的经济组织。

3.13　物流单证 logistics documents

物流过程中使用的所有的单据、票据、凭证的总称。

3.14　物流联盟 logistics alliance

两个或两个以上的经济组织为实现特定的物流目标而采取的长期联合和合作。

3.15　供应物流 supply logistics

为生产企业提供原材料、零部件或其他物品时，物品在提供者与需求者之间的实体流动。

3.16　生产物流 production logistics

生产过程中，原材料、在制品、半成品、产成品等，在企业内部的实体流动。

3.17　销售物流 distribution logistics

生产企业、流通企业出售商品时，物品在供方与需方之间的实体流动。

3.18　回收物流 returned logistics

不合格物品的返修、退货以及周转使用的包装容器从需方返回到供方所形成的物品实体流动。

3.19　废弃物物流 waste material logistics

将经济活动中失去原有使用价值的物品，根据实际需要进行收集、分类、加工、包装、搬运、储存等，并分送到专门处理场所时形成的物品实体流动。

3.20　绿色物流 environmental logistics

在物流过程中抑制物流对环境造成危害的同时，实现对物流环境的净化，使物流资源得到最充分利用。

3.21　企业物流 internal logistics

企业内部的物品实体流动。

3.22　社会物流 external logistics

企业外部的物流活动的总称。

3.23　军事物流 military logistics

用于满足军队平时与战时需要的物流活动。

3.24　国际物流 international logistics

不同国家（地区）之间的物流。

3.25　第三方物流 third party logistics（TPL）

由供方与需方以外的物流企业提供物流服务的业务模式。

3.26　定制物流 customized logistics

根据用户的特定要求而为其专门设计的物流服务模式。

3.27　虚拟物流 virtual logistics

以计算机网络技术进行物流运作与管理，实现企业间物流资源共享和优化配置的物流方式。

3.28　增值物流服务 value added logistics service

在完成物流基本功能基础上，根据客户需求提供的各种延伸业务活动。

3.29　供应链 supply chain

生产及流通过程中，涉及将产品或服务提供给最终用户活动的上游与下游企业，所形成的网链结构。

3.30　条码 bar code

由一组规则排列的条、空及字符组成的，用以表示一定信息的代码。

3.31 电子数据交换 electronic data interchange（EDI）

通过电子方式，采用标准化的格式，利用计算机网络进行结构化数据的传输和交换。

3.32 有形损耗 tangible loss

可见或可测量出来的物理性损失、消耗。

3.33 无形损耗 intangible loss

由于科学技术进步而引起的物品贬值。

4 物流作业术语

4.1 运输 transportation

用设备和工具，将物品从一地点向另一地点运送的物流活动。其中包括集货、分配、搬运、中转、装入、卸下、分散等一系列操作。

4.2 联合运输 combined transport

一次委托，由两家以上运输企业或用两种以上运输方式共同将某一批物品运送到目的地的运输方式。

4.3 直达运输 through transport

物品由发运地到接收地，中途不需要换装和在储存场所停滞的一种运输方式。

4.4 中转运输 transfer transport

物品由生产地运达最终使用地，中途经过一次以上落地并换装的一种运输方式。

4.5 甩挂运输 drop and pull transport

用牵引车拖带挂车至目的地，将挂车甩下后，换上新的挂车运往另一个目的地的运输方式。

4.6 集装运输 containerized transport

使用集装器具或利用捆扎方法，把裸装物品、散粒物品、体积较小的成件物品，组合成为一定规格的集装单元进行的运输。

4.7 集装箱运输 container transport

以集装箱为单元进行货物运输的一种货运方式。

4.8 门到门 door to door

承运人在托运人的工厂或仓库整箱接货，负责运抵收货人的工厂或仓库整箱交货。

4.9 整箱货 full container load（FCL）

一个集装箱装满一个托运人同时也是一个收货人的货物。

4.10 拼箱货 less than container load（LCL）

一个集装箱装入多个托运人或多个收货人的货物。

4.11 储存 storing

保护、管理、储藏物品。

4.12 保管 storage

对物品进行保存及对其数量、质量进行管理控制的活动。

4.13 物品储备 article reserves。

储存起来以备急需的物品。有当年储备、长期储备、战略储备之分。

4.14　库存 inventory

处于储存状态的物品。广义的库存还包括处于制造加工状态和运输状态的物品。

4.15　经常库存 cycle stock

在正常的经营环境下，企业为满足日常需要而建立的库存。

4.16　安全库存 safe stock

为了防止由于不确定性因素（如大量突发性订货、交货期突然延期等）而准备的缓冲库存。

4.17　库存周期 inventory cycle time

在一定范围内，库存物品从入库到出库的平均时间。

4.18　前置期（提前期）lead time

从发出订货单到收到货物的时间间隔。

4.19　订货处理周期 order cycle time

从收到订货单到将所订货物发运出去的时间间隔。

4.20　货垛 goods stack

为了便于保管和装卸、运输，按一定要求分门别类堆放在一起的一批物品。

4.21　堆码 stacking

将物品整齐、规则地摆放成货垛的作业。

4.22　搬运 handling/carrying

在同一场所内，对物品进行水平移动为主的物流作业。

4.23　装卸 loading and unloading

物品在指定地点以人力或机械装入运输设备或卸下。

4.24　单元装卸 unit loading and unloading

用托盘、容器或包装物将小件或散装物品集成一定质量或体积的组合件，以便利用机械进行作业的装卸方式。

4.25　包装　package/packaging

为在流通过程中保护产品、方便储运、促进销售，按一定技术方法而采用的容器、材料及辅助物等的总体名称。也指为了达到上述目的而采用容器、材料和辅助物的过程中施加一定技术方法等的操作活动。

4.26　销售包装 sales package

又称内包装，是直接接触商品并随商品进入零售网点和消费者或用户直接见面的包装。

4.27　定牌包装 packing of nominated brand

买方要求卖方在出口商品包装上使用买方指定的牌名或商标的做法。

4.28　中性包装 neutral packing

在出口商品及其内外包装上都不注明生产国别的包装。

4.29　运输包装 transport package

以满足运输贮存要求为主要目的的包装。它具有保障产品的安全，方便储运装卸，加速交接、点验等作用。

4.30　托盘包装 palletizing

以托盘为承载物，将包装件或产品堆码在托盘上，通过捆扎、裹包或胶粘等方法加以固定，形成一个搬运单元，以便用机械设备搬运。

4.31 集装化 containerization

用集装器具或采用捆扎方法，把物品组成标准规格的单元货件，以加快装卸、搬运、储存、运输等物流活动。

4.32 散装化 in bulk

用专门机械、器具进行运输、装卸的散状物品在某个物流范围内，不用任何包装，长期固定采用吸扬、抓斗等机械、器具进行装卸、运输、储存的作业方式。

4.33 直接换装 cross docking

物品在物流环节中，不经过中间仓库或站点，直接从一个运输工具换载到另一个运输工具的物流衔接方式。

4.34 配送 distribution

在经济合理区域范围内，根据用户要求，对物品进行拣选、加工、包装、分割、组配等作业，并按时送达指定地点的物流活动。

4.35 共同配送 joint distribution

由多个企业联合组织实施的配送活动。

4.36 配送中心 distribution center

从事配送业务的物流场所或组织，应基本符合下列要求：

1）主要为特定的用户服务。

2）配送功能健全。

3）完善的信息网络。

4）辐射范围小。

5）多品种、小批量。

6）以配送为主，储存为辅。

4.37 分拣 sorting

将物品按品种、出入库先后顺序进行分门别类堆放的作业。

4.38 拣选 order picking

按订单或出库单的要求，从储存场所选出物品，并放置在指定地点的作业。

4.39 集货 goods collection

将分散的或小批量的物品集中起来，以便进行运输、配送的作业。

4.40 组配 assembly

配送前，根据物品的流量、流向及运输工具的装载质量和容积，组织安排物品装载的作业。

4.41 流通加工 distribution processing

物品从生产地到使用地的过程中，根据需要施加包装、分割、计量、分拣、刷标志、拴标签、组装等简单作业的总称。

4.42 冷链 cold chain

为保持新鲜食品及冷冻食品等的品质，使其在从生产到消费的过程中，始终处于低温状态的配有专门设备的物流网络。

4.43　检验 inspection

根据合同或标准，对标的物品的品质、数量、包装等进行检验、验收的总称。

5　物流技术装备与设施术语

5.1　仓库 warehouse

保管、储存物品的建筑物和场所的总称。

5.2　库房 storehouse

有屋顶和围护结构，供储存各种物品的封闭式建筑物。

5.3　自动化仓库 automatic warehouse

由电子计算机进行管理控制，不需人工搬运作业，而实现收发作业的仓库。

5.4　立体仓库 tereoscopic warehouse

采用高层货架配以货箱或托盘储存货物，用巷道堆码起重机及其他机械进行作业的仓库。

5.5　虚拟仓库 virtual warehouse

建立在计算机和网络通信技术基础上，进行物品储存、保管和远程控制的物流设施。可实现不同状态、空间、时间、货主的有效调度和统一管理。

5.6　保税仓库 boned warehouse

经海关批准，在海关监管下，专供存放未办理关税手续而入境或过境货物的场所。

5.7　出口监管仓库 export supervised warehouse

经海关批准，在海关监管下，存放已按规定领取了出口货物许可证或批件，已对外买断结汇并向海关办完全部出口海关手续的货物的专用仓库。

5.8　海关监管货物 cargo under custom's supervision

在海关批准范围内接受海关查验的经出口、过境、转运、通关货物，以及保税货物和其他尚未办结海关手续的进出境货物。

5.9　冷藏区 chill space

仓库的一个区域，其温度保持在 0℃～10℃范围内。

5.10　冷冻区 freeze space

仓库的一个区域，其温度保持在 0℃以下。

5.11　控湿储存区 humidity controlled space

仓库内配有湿度调制设备，使内部湿度可调的库房区域。

5.12　温度可控区 temperature controlled space

温度可根据需要调整在一定范围内的库房区域。

5.13　收货区 receiving space

到库物品入库前核对检查及进库准备的地区。

5.14　发货区 shipping space

物品集中待运地区。

5.15　料棚 goods shed

供储存某些物品的简易建筑物，一般没有或只有部分围壁。

5.16 货场 goods yard

用于存放某些物品的露天场地。

5.17 货架 goods shelf

用支架、隔板或托架组成的立体储存货物的设施。

5.18 托盘 pallet

用于集装、堆放、搬运和运输的放置作为单元负荷的货物和制品的水平平台装置。

5.19 叉车 fork lift truck

具有各种叉具，能够对货物进行升降和移动以及装卸作业的搬运车辆。

5.20 输送机 conveyor

对物品进行连续运送的机械。

5.21 自动导引车 automatic guided vehicle（AGV）

能够自动行驶到指定地点的无轨搬运车辆。

5.22 箱式车 box car

除具备普通车的一切机械性能外，还必须具备全封闭的箱式车身和便于装卸作业的车门。

5.23 集装箱 container

集装箱是一种运输设备，应满足下列要求：

1）具有足够的强度，可长期反复使用。

2）适用一种或多种运输方式运送，途中转运时，箱内货物不需换装。

3）具有快速装卸和搬运的装置，特别便于从一种运输方式转移到另一种运输方式。

4）便于货物装满和卸空。

5）具有 $1m^3$ 及以上的容积。

集装箱这一术语不包括车辆和一般包装。

5.24 换算箱 twenty-feet equivalent unit（TEU）

又称标准箱。以 20ft 集装箱作为换算单位。

5.25 特种货物集装箱 specific cargo container

用以装运特种物品用的集装箱的总称。

5.26 全集装箱船 full container ship

舱内设有固定式或活动式的隔栅结构，舱盖上和甲板上设置固定集装箱的系紧装置，便于集装箱作业及定位的船舶。

5.27 铁路集装箱场 railway container yard

进行集装箱承运、交付、装卸、堆存、装卸箱、门到门作业，组织集装箱专列等作业的场所。

5.28 公路集装箱中转站 inland container depot

具有集装箱中转运输与门到门运输和集装箱货物的拆箱、装箱、仓储和接取、送达、装卸、堆存的场所。

5.29 集装箱货运站 container freight station（CFS）

拼箱货物拆箱、装箱、办理交接的场所。

5.30 集装箱码头 container terminal

专供停靠集装箱船、装卸集装箱用的码头。

5.31 国际铁路联运 international through railway transport

使用一份统一的国际铁路联运票据，由跨国铁路承运人办理两国或两国以上铁路的全程运输，并承担运输责任的一种连贯运输方式。

5.32 国际多式联运 international multimodal transport

按照多式联运合同，以至少两种不同的运输方式，由多式联运经营人将货物从一国境内的接管地点运至另一国境内指定交付地点的货物运输。

5.33 大陆桥运输 land bridge transport

用横贯大陆的铁路或公路作为中间桥梁，将大陆两端的海洋运输连接起来的连贯运输方式。

5.34 班轮运输 liner transport

在固定的航线上，以既定的港口顺序，按照事先公布的船期表航行的水上运输方式。

5.35 租船运输 shipping by chartering

根据协议，租船人向船舶所有人租赁用于货物运输，并按商定运价，向船舶所有人支付运费或租金的运输方式。

5.36 船务代理 shipping agency

根据承运人的委托，待办与船舶进出港有关的业务活动。

5.37 国际货运代理 international freight forwarding agent

接受进出口货物收货人、发货人的委托，以委托人或自己的名义，为委托人办理国际货物运输及相关业务，并收取劳务报酬的经济组织。

5.38 理货 tally

货物装卸中，对照货物运输票据进行的理（点）数、计量、检查残缺、指导装舱积载、核对标记、检查包装、分票、分标志和现场签证等工作。

5.39 国际货物运输保险 international transportation cargo insurance

在国际贸易中，以国际运输中的货物为保险标的的保险，以对自然灾害和意外事故所造成的财产损失获得补偿。

5.40 报关 customs declaration

由进出口货物的收发货人或其代理人向海关办理进出境手续的全过程。

5.41 报关行 customs broker

专门代办进出境报关业务的企业。

5.42 进出口商品检验 commodity inspection

简称“商检”。确定进出口商品的品质、规格、重量、数量、包装、安全性能、卫生方面的指标及装运技术和装运条件等项目实施检验和鉴定，以确定其是否与贸易合同、有关标准规定一致，是否符合进出口国有关法律和行政法规的规定。

6 物流管理术语

6.1 物流战略 logistics strategy

为寻求物流的可持续发展，就物流发展目标以及达成目标的途径与手段而制订的长远性、全局性的规划和谋略。

6.2　物流战略管理 logistics strategy management

物流组织根据已制订的物流战略，付诸实施和控制的过程。

6.3　仓库管理 warehouse management

对库存物品和仓库设施及其布局进行规划、控制的活动。

6.4　仓库布局 warehouse layout

在一定区域或库区内，对仓库的数量、规模、地理位置和仓库设施、道路等各要素进行科学规划和总体设计。

6.5　库存控制 inventory control

在保障供应的前提下，为使库存物品的数量最少所进行的有效管理的技术经济措施。

6.6　经济订货批量 economic order quantity（EOQ）

通过平衡采购进货成本和保管仓储成本核算，以实现总库存成本最低的最佳订货量。

6.7　定量订货方式 fixed quantity system（FQS）

当库存量下降到预定的最低的库存数量（订货点）时，按规定数量（一般以经济订货批量为标准）进行订货补充的一种库存管理方式。

6.8　定期订货方式 fixed interval system（FIS）

按预先确定的订货间隔期间进行订货补充的一种库存管理方式。

6.9　ABC 分类管理 ABC classification

将库存物品按品种和占有资金的多少分为特别重要的库存（A 类）、一般重要的库存（B 类）和不重要的库存（C 类）三个等级，然后针对不同等级分别进行管理和控制。

6.10　电子订货系统 electronic order system（EOS）

不同组织间利用通讯网络和终端设备以在线连接方式进行订货作业与订货信息交换的体系。

6.11　准时制 just in time（JIT）

在精确测定生产各工艺环节作业效率的前提下按订单准确的计划，消除一切无效作业与浪费为目标的一种管理模式。

6.12　准时制物流 just in time logistics

一种建立在 JIT 管理理念基础上的现代物流方式。

6.13　零库存技术 inventory technology

在生产与流通领域按照 JIT 组织物资供应，使整个过程库存最小化的技术的总称。

6.14　物流成本管理 logistics cost control

对物流相关费用进行的计划、协调与控制。

6.15　物料需求计划 material requirements planning（MRP）

一种工业制造企业内的物资计划管理模式。根据产品结构各层次物品的从属和数量关系，以每个物品为计划对象，以完工日期为时间基准倒排计划，按提前期长短区别各个物品下达计划时间的先后顺序。

6.16　制造资源计划 manufacturing resource planning（MRP II）

从整体最优的角度出发，运用科学的方法，对企业的各种制造资源和企业生产经营各环节实行合理有效的计划、组织、控制和协调，达到既能连续均衡生产，又能最大限度地降低各种物品的库存量，进而提高企业经济效益的管理方法。

6.17　配送需求计划 distribution requirements planning（DRP）

一种既保证有效地满足市场需要，又使得物流资源配置费用最省的计划方法，是 MRP 原理与方法在物品配送中的运用。

6.18　配送资源计划 distribution resource planning（DRP II）

一种企业内物品配送计划系统管理模式，是在 DRP 的基础上提高各环节的物流能力，达到系统优化运行的目的。

6.19　物流资源计划 logistics resource planning（LRP）

以物流为基本手段，打破生产与流通界限，集成制造资源计划、能力资源计划、分销需求计划以及功能计划而形成的物资资源优化配置方法。

6.20　企业资源计划 enterprise resource planning（ERP）

在 MRP II 的基础上，通过前馈的物流和反馈的信息流、资金流，把客户需求和企业内部的生产经营活动以及供应商的资源整合在一起，体现完全按用户需求进行经营管理的一种全新的管理方法。

6.21　供应链管理 supply chain management（SCM）

利用计算机网络技术全面规划供应链中的商流、物流、信息流、资金流等，并进行计划、组织、协调与控制。

6.22　快速反应 quick response（QR）

物流企业面对多品种、小批量的买方市场，不是储备了“产品”，而是准备了各种“要素”，在用户提出要求时，能以最快速度抽取“要素”，及时“组装”，提供所需服务或产品。

6.23　有效客户反应 efficient customer response（ECR）

以满足顾客要求和最大限度降低物流过程费用为原则，能及时做出准确反应，使提供的物品供应或服务流程最佳化的一种供应链管理战略。

6.24　连续库存补充计划 continuous replenishment program（CRP）

利用及时准确的销售时点信息确定已销售的商品数量，根据零售商或批发商的库存信息和预先规定的库存补充程序确定发货补充数量和配送时间的计划方法。

6.25　计算机辅助订货系统 computer assisted ordering（CAO）

基于库存和客户需求信息，利用计算机进行自动订货管理的系统。

6.26　供应商管理库存 vendor managed inventory（VMI ）

供应商等上游企业基于其下游客户的生产经营、库存信息，对下游客户的库存进行管理与控制。

6.27　业务外包 outsourcing

企业为了获得比单纯利用内部资源更多的竞争优势，将其非核心业务交由合作企业完成。

附录D 综合实训

第一单元 物流法律法规概述

综合实训模块一 对物流和物流企业的介绍

一、理论部分

（一）填空

1. 物流是指物品从______向______的______流动过程。

2. 根据实际需要，物流将______、______、______、______、______、______、______、______等基本功能实施有机结合。

3. 物流企业是以材料、半成品在从其______到______的过程中进行用户服务、需求预测、情报信息联络、物料搬运、订单处理、采购、包装、运输、装卸、仓库管理以及废物回收处理等一系列以物品为对象而进行的活动，并以获取______、______和为目的的______社会经济组织。

（二）简答

请说一说物流企业应具备哪些特征。

（三）案例分析

案例

沃尔玛公司

1962 年，萨姆·沃尔顿在亚利桑那州的罗杰斯开了一个折扣店，以低价格、多品种和优质服务吸引顾客。萨姆把他的商店命名为沃尔玛，并很快获得了成功。1983 年开设山姆会员店，1988 年开设了首家食品杂货大卖场。到了 1991 年，沃尔玛已经在全美零售业中排名第一，并开始了全球扩张。在进入墨西哥、波多黎各、加拿大后，又相继进入南美、亚洲和欧洲。后来它又通过收购当地的公司（如英国的 ASDA）来加快扩张战略。沃尔玛始终保持低价格、多品种和优质服务的经营理念。每个沃尔玛店前面都布置成相同的模式：职工欢迎顾客，并告诉他们可得到的优惠。到 2000 年沃尔玛已成为世界上最大的零售商，拥有 4000 家分店和 120 万名员工，每周为 1 亿名顾客提供服务，年营业额达到

1 750 亿美元，利润额为 60 亿美元。在美国本土，它拥有 8.5 万家供应商，每周将 15 亿美元的货物送到沃尔玛在美国的 62 个主配送中心，然后再送到 1 800 家分店、800 个大卖场、460 个山姆会员店和 13 个好邻居商店。沃尔玛经营的低成本在很大程度上依赖于其高效的物流系统。当商品毛利较小时，物流系统的微小变化都可能对成本和利润产生很大的影响，这就是为什么沃尔玛要建立最有效和最精细的配送系统。沃尔玛的不断扩张为企业带来了巨大成功，年均销售额增长 20%。

问题：沃尔玛的分店之所以遍及全球，其原因何在？

二、实践部分

1．训练目标：模拟创建一个小型物流公司。

通过申请创建物流公司能力的训练，了解我国内资物流企业的市场准入条件，掌握设立通常的物流企业和特殊物流服务企业的要求。熟悉物流企业业务，认识物流企业的类型和法律地位。

2．训练准备：

（1）人员准备：每组 6～8 人，组成一个欲成立拥有 10 万元资本金的物流企业的团队。

（2）资料准备：企业的预申报所需的有关工商注册登记资料、企业机构设置资料等。

3．训练地点：教室或实验室。

4．训练办法：

（1）小团队成员召开会议，进行前期调查，搜集有关工商注册资料。

（2）研究企业的经营项目、场地设置、设备采购等资金分布情况。

（3）研究机构设置、各自分工和岗位责任规章制度等。

学习评价

被考评人					
考评地点					
考评内容	设立一个国内物流企业				
考评标准	内　　容	分值/分	自我评价/分	小组评议/分	实际得分/分
	物流企业的设立登记	50			
	设立国内物流企业应具备的条件	50			
合　　计		100			

注：1．实际得分＝自我评价 40%＋小组评议 60%。

2．考评满分为 100 分，60～74 分为及格；75～84 分为良好；85 分以上为优秀（包括 85 分）。

综合实训模块二　熟悉物流法律法规

一、理论部分

（一）填空

1. 物流法律法规是指调整与__________活动有关的社会关系的法律规范的总称。

2. 物流法律法规具有______、______、______、______的特点。

（二）简答

谈一谈物流法律法规有哪些作用。

（三）案例分析

案例 1

茶叶串味案

上海一家出口公司（以下称第一方）将一批茶叶交由第三方物流经营人安排装运，并签订了物流服务总合同。随后，第三方物流经营人将茶叶交由另一家仓储公司（以下称第二方）装箱，第二方在装箱时将茶叶和丁香配装在同一集装箱内。收货人收到茶叶后对茶叶做质检，质检报告认为：茶叶与丁香串味，已经无法饮用。该批茶叶由中国人民保险公司（以下简称人保）承保，茶叶成交价为到岸价。第一方凭保险单向人保提出赔偿要求，人保在赔付之后取得代位求偿权，进而向第三方物流经营人追偿。

问题：第一方的经济损失应该由谁承担？为什么？

案例 2

印刷机运输中转卸仓损失案

2008 年 9 月 14 日，某市一农具厂，向鹤岗市纸制品厂出售 2 台印刷机，分别用木制包装从清水埠港托运发出，途经上海港、大连港、大连、哈尔滨，在佳木斯站中转换装，水陆联运，2008 年 11 月 8 日抵达鹤岗站。卸车时发现其中 1 台损坏，据佳木斯站的货运记录记载，系 2008 年 11 月 4 日中转卸仓时，吊起移出车厢后，两根托木在螺丝孔处折断，货物脱落被摔坏所致，断茬处木质腐朽，1/3 呈暗黑色，并有木节。2008 年 11 月 12 日，被告鹤岗站会同鹤岗市纸制品厂在佳木斯站负责货物安全人员的参加下，对损坏的印刷机及其包装进行了目测鉴定，结果认为印刷机已破损报废，无修复价值，损坏的原因是包装托木腐朽、螺丝孔处有木节，货重 1.5 吨，底座边正压在螺丝孔处，重量过于集中而折断脱钩摔坏。火车站认为应由收发货方自行处理。鹤岗市纸制品厂与农具厂交涉，农具厂（发货方）拒不承认包装木质腐朽，先后去 5 个地方人民法院起诉，均未得到解决。铁路运输法院正式办案后，于 2009 年 5 月移送铁路运输法院审理。

问题：本案例中，经济损失应该由谁来承担？为什么？

案例 3

2007 年 11 月 1 日，空客 A320 系列飞机与天津总装线项目物流服务合同签字仪式在天津滨海新区举行。中远物流有限公司和天津港保税区管委会有关负责人代表双方签约。按照合同，中远物流有限公司承诺，自 2008 年到 2015 年，提供天津空客 A320 项目 284 架次飞机的部件运输服务，物流服务范围包括欧洲段驳船运输、内陆运输、远洋集装箱运输、天津段内陆运输、航空运输等，包含运输工装夹具的组装、拆卸及维修等增值服务。在该项目中，中远物流有限公司将整合物流、航运及相关港口的物流操作资源，策划设计个性化的运输方式、港口装卸方案和道路改造方案，为项目提供具有专利技术的、高端的全程物流服务。

问题：空客 A320 系列飞机与天津总装线签订的是什么合同？合同的主要内容是什么？

二、实践部分

1．训练目标：模拟签订一份物流服务合同。

通过模拟签订物流服务合同的训练，了解物流服务合同的主体、形式和条款，对物流合同有初步的认识和了解。

2．训练准备：

（1）人员准备：每组6～8人组成甲乙双方，甲方为拥有运输保管能力的物流企业，乙方为近日内需要储存一批货物的用户。

（2）资料准备：企业的有关资料、合同文本。

3．训练地点：教室或实验室。

4．训练办法：

（1）甲乙双方各自坐在谈判桌两侧。

（2）乙方提出要求。

（3）甲方应答。

（4）双方协商一致后签订合同。

学习评价

被考评人					
考评地点					
考评内容	签订一份物流服务合同				
考评标准	内　　容	分值/分	自我评价/分	小组评议/分	实际得分/分
	物流服务合同的主体	25			
	物流服务合同的形式	25			
	模拟签订一份物流服务合同	50			
合　　计		100			

注：1．实际得分＝自我评价40%＋小组评议60%。

2．考评满分为100分，60～74分为及格；75～84分为良好；85分以上为优秀（包括85分）。

第二单元　货物运输法律法规

综合实训模块一　了解货物运输，熟悉运输合同

实践部分

1．训练目标：模拟签订一份货物运输合同。

通过签订货物运输合同能力的训练，了解货物运输业务，明确物流企业在运输中应承担的责任，掌握并学会签订货物运输合同，明确货物运输合同中托运人、承运人、

收货人的义务和权利。

2．训练准备：

（1）人员准备：每组6～8人组成甲乙双方，甲方为拥有运输能力的物流企业，乙方为近日内需要长途运送货物的用户。

（2）资料准备：企业的有关资料、合同文本。

3．训练地点：教室或实验室。

4．训练办法：

（1）甲乙双方各自坐在谈判桌两侧。

（2）乙方提出要求。

（3）甲方应答。

（4）双方协商一致后签订货物运输合同。

学习评价

<table>
<tr><td>被考评人</td><td colspan="5"></td></tr>
<tr><td>考评地点</td><td colspan="5"></td></tr>
<tr><td>考评内容</td><td colspan="5">签订一份货物运输合同</td></tr>
<tr><td rowspan="3">考评标准</td><td>内　　容</td><td>分值/分</td><td>自我评价/分</td><td>小组评议/分</td><td>实际得分/分</td></tr>
<tr><td>说一说运输中的主体</td><td>50</td><td></td><td></td><td></td></tr>
<tr><td>物流企业对物流需求方所承担的运输责任</td><td>50</td><td></td><td></td><td></td></tr>
<tr><td colspan="2">合　　计</td><td>100</td><td></td><td></td><td></td></tr>
</table>

注：1．实际得分＝自我评价40%＋小组评议60%。

2．考评满分为100分，60～74分为及格；75～84分为良好；85分以上为优秀（包括85分）。

综合实训模块二　了解公路、铁路、水路、航空货物运输法律法规

一、理论部分

（一）填空

1．运输是指物品借助______在空间内所发生的______。运输实现了物品______的物理转移，实现了物流的空间效用。

2．运输中的主体包括：______、______、______、______、______、______。

3．货物运输合同是指______将货物从______运输到______，______或者______支付运输费用的合同。

4．以运输合同的对象为标准，货物运输合同可以分为______货物运输合同、______货物运输合同和______货物运输合同。

5．以运输工具为标准，可以将货物运输合同分为______货物运输合同、______货物运输合同、______货物运输合同、______货物运输合同、______货物运输合同等。

6．以货物运输方式为标准，可以将货物运输合同分为______货物运输合同和______货物运输合同。

7．货物运输合同的主体包括_______、_______、_______。

（二）简答

1．物流企业对物流需求方应承担哪些运输责任？

2．简述货物运输合同的法律特征。

3．简述货物运输合同中承运人、收货人、托运人的主要义务。

（三）案例分析

案例 1

集装箱货物被盗之事

2009 年 10 月 4 日，某托运人将一集装箱服装交由某船务公司（以下简称 A 公司）所属某货轮承运。A 公司加封铅以后，签发了一式三份正本全程多式联运提单。该份联运记名提单载明：收货地厦门，装货港香港，卸货港布达佩斯，记名收货人 B 公司。货物抵达香港后，A 公司将其转至 C 公司所属另一船承运。托运人凭正本提单提货时打开箱子发现里面是空的，集装箱封铅及门锁已被替换，后获知布达佩斯马哈特集装箱终点站货物被盗之事。收货人向海事法院起诉。

问题：此案例中，应由谁来承担责任？为什么？

案例 2

运输部与货站签订的合同是否有效

甲物流综合服务公司下设六大部门，包括包装部、运输部、装卸部等。1999 年 6 月，该公司运输部在进行运输服务时与某货站取得业务联系，该货站许诺从 1999 年 7 月起其所有运输业务都委托给该公司运输部承做，双方还签有简单协议。该公司运输部为确保无误，特别使用了部门印章，该货站也表示同意。但是，1999 年 9 月，甲物流综合服务公司运输部发现其承接该货站的运输只是其中很小的一部分，同时还有另两家货运公司在承做。于是，问及该货站，该货站否认，进而否认双方协议的效力，它认为该公司运输部不是单位法人，其部门印章的使用不具有法律效力。

问题：该公司运输部与该货站签订的合同是否有抵触？为什么？

案例 3

运输超期货物损坏案

某百货公司与某铁路分局签订了一份家电运输合同，合同规定由该铁路分局（承运人）在合同生效后的一周内提供 5 节 55 吨闷罐车皮抵达某仓库的专用铁路第二月台，由托运人负责装车。装车时间不超过 12 小时。承运人在 4 天之内将此 5 节车皮运抵指定车站。由于该批百货价值比较高，承运人要求托运人派员押车。

签订合同后一周，托运人即向承运人提交家电（货物）运单，承运人在运单上加盖了车站日期章后，该合同即告成立。托运人在某仓库月台等候车皮，经电话屡屡催促后，承运人在合同生效后第 9 天才将车皮驶到某仓库月台。铁路方面派员监督装车，按时装完车后其中 4 节车皮加了铅封，一节车皮未封。留给托运人的押运人乘坐。因运输困难，铁路编组花了 4 天时间才将该 5 节车皮编组发出，运抵指定地点时已是第 7 天，比合同规定的时间晚了 3 天。在卸货时，收货人发现有 3 节车皮的家电外包装被老鼠啃咬，损坏严重，部分录音机的塑料机壳也被咬坏，里面的线路被咬断，基本上报废了。收货人立即电话询问托运人。得知货物装车时完好，是在运输途中被老鼠咬坏的，遂要求主承运人赔偿相关损失计 15 万元，另外，支付逾期到达的违约金，数额为运费总额的 20%。

问题：承运人是否应该对托运人的经济损失负责赔偿？为什么？

案例 4

运输误期案

1997 年 6 月，某食品公司在河南南阳购进 200 头黄牛。先用汽车运至汉水，然后与某水上运输公司签订了一份运输黄牛合同。合同规定由承运人在 7 天之内将 200 头黄牛运抵镇江港，托运人自备饲料，并派人押运负责照料黄牛。合同生效后，托运人按时将黄牛运抵装船码头。承运人称船舶主机正在维修，要迟一两天开船。托运人担心黄牛在途时间过长，掉膘太多，追问承运人能否保证在 7 天内运抵目的港，承运人称没问题。运牛的船舶在出发港耽搁了两天半才开船。船到汉口港后，船长说要上岸买一桶润滑油，在汉口耽搁了 1 天。正要起航又说信号灯坏了，要重新靠岸买配件，但船要排队才能泊岸，船长决定放救生艇下去，一个来回又费了半天时间。船到九江，以加油为名又停了长达 14 小时，这时已过了 6 天半。在下午 3 点必须抵达目的港，时间显然来不及了。押运人告知船长只给黄牛准备了 7 天的饲料，现所剩饲料已不多，要求船在安庆港停几个小时，去买饲料，船长以再停船就要延误时间为由拒绝了押运人的请求。船因主机状况不良，从九江到镇江足足驶了 2 天半时间，200 头黄牛断了 2 天饲料，饿死 3 头，每头牛平均掉膘 15 千克，使食品公司损失 1.6 万元。食品公司以船舶未按约定的时间到港，导致黄牛饿死和不应有的掉膘为由，要求运输公司赔偿损失 1.6 万元。运输公司以船期耽误是因为碰到意外事件造成的，不能负责托运人的损失。况且船只在九江停了几个小时，押运人明知饲料不够，但并没有添置，因此损失应由承运人负责。食品公司不服，向运输公司所在地人民法院提起诉讼，请法院责令运输公司赔偿损失 1.6 万元。

问题： 1．运输公司是否应该赔偿食品公司的经济损失？为什么？

2．法院应该如何判决？

二、实践部分

1．训练目标：模拟法庭进行举证作为承运人的物流企业不承担赔偿责任的免责事项。

通过举证作为承运人的物流企业不承担赔偿责任的免责事项能力的训练，了解货物运输免责事项，明确物流企业在运输中承担的责任，并学会保护自己，进一步明确货物运输合同中托运人、承运人、收货人的义务和权利。

2．训练准备：

（1）人员准备：每组 10～12 人组成法官、承运人（被告）、托运人（原告）、收货人（原告）四方。

（2）资料准备：举证的有关资料、合同文本等。

3．训练地点：教室或实验室。

4．训练办法：

（1）模拟法庭，法官、托运人、承运人、收货人四方按法庭形式坐在相应位置。

（2）原告提出诉讼。

（3）被告应答、辩解。

（4）法官判断。

学习评价

被考评人					
考评地点					
考评内容	物流企业进行公路、铁路、水路、航空货物运输时的义务和责任				
考评标准	内　容	分值/分	自我评价/分	小组评议/分	实际得分/分
	使用自有汽车进行运输，物流企业的义务和责任	25			
	作为承运人的铁路部门违约时应负的责任	25			
	作为承运人的水路部门违约时应负的责任	25			
	作为承运人的航空公司应承担的义务和责任	25			
合　计		100			

注：1．实际得分＝自我评价 40%＋小组评议 60%。

2．考评满分为 100 分，60～74 分为及格；75～84 分为良好；85 分以上为优秀（包括 85 分）。

第三单元　仓储法律法规

综合实训模块一　掌握仓储实务

一、理论部分

（一）填空

1．仓储活动从________储存物品开始，经过________保管作业，直到把货物完好地发放出去的全部活动过程，其中包括存货管理和各项作业活动。

2．仓储就是通过______对商品进行储存和保管。

3．进行仓储活动的主体设施是_______，为了保证社会再生产的顺利进行，必须一定量的物资，以满足一定时间内社会生产和消费的需要。

4. 传统仓库的主要功能是防止物品的______，而现代仓库的仓储功能从重视保管效率逐渐演变为重视如何才能顺利地__________，加快仓储商品周转，以提供物流的时间效用。

（二）案例分析

案例

海尔公司的仓储物流

海尔公司改变了传统仓库的“蓄水池”功能，使之成为一条流动的“河”，将传统意义上的仓库建成企业的一个配送中心，成了为下道工序配送而暂时存放物资的地方。

建立现代物流系统之前，海尔公司占用约 50 万平方米的仓库，费用开支很大。目前，海尔公司建立了两座现代化、智能化的立体仓库，仓库使用面积仅 2.54 万平方米，其中一座坐落在海尔开发区工业园中，面积为 1.92 万平方米，设置了 1.8 万个货位，满足了企业全部原材料和制成品配送的需求，其仓储功能相当于一个 30 万平方米的仓库。这个立体仓库与海尔公司的商流、信息流、资金流、工作流联网，进行同步数据传输，采用世界上最先进的激光导引无人运输车系统、机器人技术、巷道堆垛机、通信传感技术等，整个仓库空无一人。自动堆垛机把原材料和制成品举上 7 层楼高的货位，自动穿梭车则把货位上的货物搬下来，一一放在激光导引无人驾驶运输车上。运输车井然有序地按照指令再把货物送到机器人面前。机器人叉起托盘，把货物装到外运的载货运输车上。运输车开向出库大门，仓库中货物的流动过程结束。整个仓库实现了对物料的统一编码，使用了条码技术、自动扫描技术和标准化的包装，没有一道环节会造成作业的阻塞。

问题：你认为海尔公司的仓储物流工作如何？

二、实践部分

1. 训练目标：填写保管合同。

通过填写保管合同能力的训练，了解填写保管合同的相关内容，明确物流企业在保管中承担的责任和义务，做好保管工作。

2. 训练准备：

（1）人员准备：每组 6～8 人，分为保管仓储人员、用户两方人员。

（2）资料准备：企业有关资料、合同文本等。

3. 训练地点：教室或实验室。

4. 训练办法：

（1）用户提出要求。

（2）保管方应答。

（3）协商一致，签订合同。

（4）货物交接验收准备。

学习评价

被考评人					
考评地点					
考评内容	签订一份保管合同				
考评标准	内　　容	分值/分	自我评价/分	小组评议/分	实际得分/分
	保管人应承担的义务和责任	50			
	寄存人应承担的义务和责任	50			
合　　计		100			

注：1．实际得分＝自我评价 40%＋小组评议 60%。

2．考评满分为 100 分，60～74 分为及格；75～84 分为良好；85 分以上为优秀（包括 85 分）。

综合实训模块二　熟悉仓储合同

一、理论部分

（一）填空

1．仓储合同是指保管人储存存货人交付的______，存货人支付______的合同。

2．存货人就是仓储服务的______，保管人就是仓储服务的______，仓储物就是存货人交由保管人进行储存的______，仓储费就是保管人向存货人提供仓储服务取得的______。

3．在实际生活中，仓储合同往往是______合同。

4．仓储合同的订立要经过______和______两个阶段。

5．仓储合同的要约既可以由______根据自己的仓储能力发出，也可以由______根据自己的委托存储计划发出。

（二）简答

仓储合同的内容中主要包括哪些条款？

（三）案例分析

案例 1

仓储食品变质损失谁负

一储运公司与一食品加工厂签订了食品原料仓储合同，约定由储运公司储存食品加工厂的生产原料。在合同履行期间，食品加工厂发现从仓库提取的原材料有变质现象，致使食品加工厂生产原料供应不上，影响了生产。经查，仓库的通风设备发生故障，因不能按时通风导致食品原料变质。

问题：该储运公司提供的仓储属于哪种类型的仓储？造成的损失由谁承担？为什么？

案例 2

仓储合同是否在仓储物到位时成立

2005 年 4 月 3 日，某市商行与一储运公司签订了一份仓储合同，由储运公司为商行存储衣服、布料、自行车等物品，时间为 1 年，保管费为 3.5 万元。合同同时规定：任何一方违约，应按保管费的 30%向对方一次性支付违约金，并赔偿对方的损失。合同订立后，储运公司即刻清理其仓库，并拒绝了其他单位提出的货物保管请求。同年 5 月，储运公司突然接到商行的通知，称其原定需要保管的部分衣服、布料因为他人没有供货而不能交付保管，已有部分货物也租到了仓位，不再需要储运公司保管。储运公司遂起诉，要求对方支付保管费和违约金。商行称仓储合同是实践性合同，未交付货物，则合同尚未成立，储运公司的要求于法无据。

问题：该仓储合同是否有效？储运公司的要求是否合理？

案例 3

仓储合同与合同违约

某汽车装配厂从国外进口一批汽车零件，准备在国内组装、销售。2009 年 3 月 5 日，该汽车装配厂与某仓储公司签订了一份仓储合同。合同约定，仓储公司提供仓库保管汽车配件，期限为 10 个月，从 2009 年 4 月 15 日起到 2010 年 2 月 15 日止，保管仓储费为 5 万元。双方对储存物品的数量，种类，验收方式，入库、出库的时间和具体方式、手续等作了约定。还约定任何一方有违约行为，要承担违约责任，违约金为总金额的 20%。

合同签订后，仓储公司开始为履行合同做准备，清理了合同约定的仓库，并且从此拒绝了其他人的仓储要求。2009 年 3 月 27 日，仓储公司通知该汽车装配厂已经清理好仓库，可以开始送货入库。但该汽车装配厂表示已找到更便宜的仓库，如果仓储公司能降低仓储费的话，就送货仓储。仓储公司不同意，于是该汽车装配厂明确表示不需要对方的仓库。同年 4 月 2 日，仓储公司再次要求该汽车装配厂履行合同，却再次遭到拒绝。4 月 5 日，仓储公司向法院起诉，要求汽车装配厂承担违约责任，支付违约金，并且支付仓储费。而汽车装配厂认为合同未履行，因而不存在违约的问题。

问题：该仓储合同是否生效？仓储公司的要求是否合理？为什么？

案例 4

个体户赵某在前景仓库寄存了彩电 100 台，价值共计 100 万元。双方商定：仓库自 2009 年 1 月 15 日至 2 月 15 日期间负责保管这批彩电，赵某在此期间将彩电分三次取走；2 月 15 日赵某取走最后一批彩电时，支付保管费 2 000 元。但 2 月 15 日，赵某前来取最后一批彩电时，双方为保管费的多少发生了争议。赵某认为自己的彩电实际是在 1 月 25 日晚上才进入前景仓库的，应当少付保管费 250 元。前景仓库拒绝减少保管费，理由是仓库早已为赵某的彩电准备了地方，至于赵某的彩电是不是准时进库是赵某自己的事情，与仓库无关。赵某认为前景仓库位于江边码头，自己又通知了彩电到站的准确时间，前景仓库不可能空着货位，只同意支付 1 750 元保管费。前景仓库于是拒绝赵某提取剩下的彩电。

问题：1．赵某要求减少保管费是否合理？为什么？

2．前景仓库在赵某拒绝足额支付保管费的情况下是否可以拒绝其提取货物？请说明理由。

二、实践部分

1．训练目标：继续第一单元综合实训模块二模拟签订一份物流服务合同，此合同为仓储合同。

通过第一单元综合实训模块二模拟签订一份物流服务合同能力的训练，对物流企业业务有了简单地了解，本单元综合实训模块二将进一步巩固上次训练的结果，将服务合同确定为仓储合同，假定欲保管一批具有危险性的特殊货物，学会订立仓储合同，熟悉仓单，明确物流企业在仓储中承担的责任和义务。

2．训练准备：

（1）人员准备：每组6～8人组成甲乙双方，甲方为拥有仓储能力的物流企业，乙方为近日内需要储存一批具有危险性的特殊货物的用户。

（2）资料准备：企业的有关资料、合同文本。

3．训练地点：教室或实验室。

4．训练办法：

（1）甲乙双方各自坐在谈判桌两侧。

（2）乙方提出需要储存一批具有危险性的特殊货物要求。

（3）甲方介绍自己的情况。

（4）双方协商一致后签订货物仓储合同。

学习评价

被考评人					
考评地点					
考评内容	签订仓储合同				
考评标准	内　　容	分值/分	自我评价/分	小组评议/分	实际得分/分
	仓储合同的主体方面	5			
	储存仓储物的品名、品种、规格、数量、质量和包装方面	5			
	仓储物验收内容、标准、方法、时间和资料方面	10			
	仓储物入库手续、出库手续、时间、地点和运输方式方面	10			
	仓储物的损耗标准和损耗处理方面	10			
	包装条款方面	10			
	保管条件与要求方面	10			
	计费项目、标准和结算方式方面	10			
	违约责任方面	10			
	变更和解除合同的期限方面	5			
	争议的解决方式方面	5			
	仓储物商检、验收、包装、保险和运输等其他约定事项方面	5			
	签字盖章方面	5			
合　　计		100			

注：1．实际得分＝自我评价40%＋小组评议60%。

2．考评满分为100分，60～74分为及格；75～84分为良好；85分以上为优秀（包括85分）。

第四单元　物流配送法律法规

综合实训模块一　了解物流配送实务

一、理论部分

（一）填空

1．配送是指在经济合理区域范围内，根据用户的要求，对物品进行_______、_______、_______、_______、_______等作业，并按时送达指定地点的物流活动。

2．配送活动往往是由从事配送业务的______来完成的。

3．从总体上看，配送由______、______、______、______四个基本环节组成。

4．一般的配送集_______、_______、_______、_______、_______、_______于一身，通过这一系列活动将物品送达用户手中。特殊的配送还需要增加______活动，其所包括的内容更广。

5．配送中心是指专门从事___________的物流场所或经济组织。

（二）简答

1．配送中心的要求有哪些？

2．配送中心具备什么功能？

（三）案例分析

案例 1

台湾的超市物流配送

台湾的生鲜物流除少数几家由厂商负责配送外，其余都是由生鲜中心接手操作的，如顶好惠康、台北农产运销公司、惠阳超市等。在干货和低温的配送方面，厂商配送扮演了举足轻重的角色；尤其是低温物流的配送，除了顶好惠康以外，几乎都由厂商配送。在配送频率方面，低温配送有的1周配送1～4次，但以1周7配的比例最高。至于牛奶，属于鲜度要求严格的商品，几乎都是天天配送。生鲜全都是1周配送7天，甚至有1日配送3～4次的情形。而干货多则1周配送7天，少则1周1配，平均1周配送3～4次。在配送时间方面，生鲜出车的时间比干货、低温早，而且多在中午以前就出完车了，超市的面积虽说比便利商店大，但其连锁店数却没有便利商店的连锁店数庞大，所以超市业者拥有自属的专业物流中心的比例也较低。在生鲜配送方面，许多超市拥有自属的生鲜中心在做配送，但在干货配送方面，由自己的物流中心在做配送的超市较少，而自己拥有能进行低温冷冻、冷藏配送的低温物流中心的超市更少。这种情形，证明了超市连锁店数要达到相当规模时，才有可能发展完整的超市物流配送体系，包括自属专业的生鲜物流中心、干货物流中心、低温物流中心。

问题：台湾超市物流配送与便利商店物流配送的差别何在？

案例2

配送货物锈蚀案

某公司把从国外进口的原材料运到甲配送企业的仓库，甲配送企业负责确定分货、配货计划和每日的配送数量，然后将配好的货物直接送到生产厂的流水线。一日，仓库在接货时发现原材料有部分锈蚀。

问题：1. 损失由谁负责？

2. 如果在配送企业将原材料送到生产厂，入库以后发现的，又由谁负责？

二、实践部分

1．训练目标：学会组织运作货物配送。掌握按用户要求进行货物集货、拣选、加工、包装、分割、组配的全过程，明白配送是物流结点的重要形式。

2．训练准备：找一个实习单位，参观物流配送企业，了解物流配送全过程。

3．训练地点：实训基地或物流配送企业。

4．训练办法：到企业实际操作。

学习评价

被考评人					
考评地点					
考评内容	物流企业参与配送活动的方式				
考评标准	内　　容	分值/分	自我评价/分	小组评议/分	实际得分/分
	与用户签订单纯的配送服务合同	25			
	与用户签订单纯的销售配送合同	25			
	为用户提供含配送的综合物流服务	25			
	以用户的身份出现	25			
合　　计		100			

注：1．实际得分＝自我评价 40%＋小组评议 60%。

2．考评满分为 100 分，60～74 分为及格；75～84 分为良好；85 分以上为优秀（包括 85 分）。

综合实训模块二　掌握物流配送合同

一、理论部分

（一）填空

1．配送合同是配送人根据______为用户配送商品，用户支付______的合同。

2．配送合同的类型有两种，一种是______，一种是______。

3．在销售配送合同中，用户所支付的配送费包括__________和__________。

4．配送合同是______合同。

5．物流企业在配送服务合同中应承担的义务包括____________________、______________和____________________。

（二）简答

物流企业在销售配送合同中的权利和义务包括哪些内容？

（三）案例分析

 案例 1

Cornwall 配送中心

沃尔玛公司在加拿大开设了 170 个商店，那里的物流由 Tibet&Bitten 公司管理。2000 年，Tibet&Bitten 公司在安大略省的 Cornwall 开了一家配送中心，这个中心为加拿大东部的 61 家商店服务。Cornwall 配送中心的面积是 100 000 平方米，可以储存 10 000 种不同的货物，有 55 000 个货盘和 10 000 个箱子。订货管理系统分析中心能满足所有的要求，预测未来的销售量，并且向供应商下订单。目前有 80 个码头负责接收这些配送的货物，而且每个货盘和箱子上都贴有条码可以自动移动。大部分的货物到达货盘后就被放在传送带上运进仓库，有一些不需经过传送带，可直接通过 19 个码头到达仓库。60 种在库中存放时间不超过一天的热销商品放在传送带附近，其他的货物平均在库中存放两周。

该配送中心把货盘分装进箱子里，一天的流量是 115 000 箱。在商店的销售自动化系统自动接收订单后，就装上货箱，把货箱放到输送装置上并送往发出码头（有条码自动引导）。因为有 79 个发出码头，所以每个码头都有一个输出装置为其中一个商店服务，这里的分拣非常简单。一些不能通过输出装置的货物就用手工分拣，由叉车移动。单独的运送者或者是中心的一个小车队，通常在下订单后的 24 小时内就能把货物运到商店里。

问题：你认为沃尔玛公司的配送工作做得如何？

 案例 2

运输货物受损赔偿案

甲公司为某商贸公司，乙公司为某物流配送服务公司。2009 年 6 月，乙公司为甲公司向其用户配送自行车零件150套，价值21 400元。双方签订配送合同后，甲公司办理了托运单，交纳了运费1 420元。2009年6月18日，乙公司用自有车队开始进行运输，汽车刚刚驶离甲公司5千米时突然起火，将大部分自行车零件烧毁。甲公司遂向某区人民法院起诉，要求乙公司赔偿损失，并退回运费。

问题：乙公司是否应该赔偿甲公司的经济损失？为什么？

二、实践部分

1．训练目标：模拟签订一份配送服务合同。

通过签订配送服务合同能力的训练，了解配送服务业务，明确物流企业在配送服务中承担的责任，掌握并学会制订配送服务合同，明确配送服务合同中物流企业的义务和权利。

2．训练准备：

（1）人员准备。每组6～8人组成甲乙双方，甲方为拥有配送服务能力的物流企业，乙方为用户。

（2）资料准备。企业的有关资料、合同文本。

3．训练地点：教室或实验室。

4．训练办法：

（1）甲乙双方各自坐在谈判桌两侧。

（2）乙方提出要求。

（3）甲方应答。

（4）双方协商一致后签订配送服务合同。

学习评价

被考评人					
考评地点					
考评内容	签订一份配送服务合同				
考评标准	内　　容	分值/分	自我评价/分	小组评议/分	实际得分/分
	配送人与用户的名称或者姓名和住所	5			
	服务目标条款	5			
	服务区域条款	10			

（续）

	配送服务项目条款	10			
	服务资格管理条款	10			
	交货条款	10			
	检验条款	10			
	配送费及支付条款	10			
	合同期限条款	10			
	合同变更与终止条款	10			
	违约责任条款	5			
	争议解决条款	5			
合　计		100			

注：1．实际得分＝自我评价 40%＋小组评议 60%。

2．考评满分为 100 分，60～74 分为及格；75～84 分为良好；85 分以上为优秀（包括 85 分）。

第五单元　装卸搬运法律法规

综合实训模块一　了解装卸搬运实务

理论部分

（一）填空

1．以改变“物”的_______位置的活动称为搬运。

2．在同一地域范围内（如车站机场、港口码头、工厂、仓库等）以改变“物”的_______、_______状态的活动称为装卸。

（二）简答

1．简述装卸搬运的特点。

2．简述装卸搬运的分类。

3．简述物流企业在装卸搬运作业中的法律地位。

（三）案例分析

 案例

集装箱运输货损当事人赔偿责任的确定

A 公司（以下称发货人）将装载布料的 6 个集装箱委托一家国际货运代理公司（以下称货代）由顺德通过公路拖运到香港装船去西雅图港，集装箱在西雅图港卸船后再通过铁路运抵交货地（底特律）。该批出口布料由货代出具全程货运提单，提单记载装船港香港、卸船港西雅图、交货地底特律，运输条款 CY-CY，提单同时记载“由货主装载、计数”的批注。集装箱在香港装船后，船公司又签发了以货代为托运人的海运提单，提单记载装船港香港、卸船港西雅图，运输条款 CY-CY。集装箱在西雅图港卸船时，6 个集装箱中有 3 个外表状况有较严重破损，货代在西雅图港的代理与船方代理对此破损做了记录，并由双方在破损记录上共同签字。3 个集装箱在运抵底特律后，收货人开箱时发现外表有破损的集装箱内布料已严重受损，另一集装箱尽管箱子外表状况良好，但箱内布料也有不同程度受损，收货人根据提单上“由货主装载、计数”的批注向发货人提出赔偿要求。但发货人拒赔，理由是布料在出运后货代签发的是清洁提单，这证明发货人是完好地将货交给货代委托的公路承运人。而且，装箱单上也没有对布料在装箱时的状况作出任何批注。于是收货人向货代提出赔偿要求，理由是货代出具了全程货运提单，理应对全程运输承担责任，但同样遭到货代拒赔。货代的理由是尽管货代出具了全程货运提单，但造成箱子破损并非货代过失，而是船运公司的行为。在无法从发货人、货代那里得到赔偿的情况下，收货人委托律师对货代、发货人提出了诉讼。

问题：谁应该承担赔偿责任？

学习评价

<table>
<tr><td>被考评人</td><td colspan="5"></td></tr>
<tr><td>考评地点</td><td colspan="5"></td></tr>
<tr><td>考评内容</td><td colspan="5">物流企业在装卸搬运作业中的法律地位</td></tr>
<tr><td rowspan="3">考评标准</td><td>内　　容</td><td>分值/分</td><td>自我评价/分</td><td>小组评议/分</td><td>实际得分/分</td></tr>
<tr><td>根据合同亲自完成装卸搬运活动的物流企业的法律地位</td><td>50</td><td></td><td></td><td></td></tr>
<tr><td>需要完成但不亲自完成装卸搬运环节的物流企业的法律地位</td><td>50</td><td></td><td></td><td></td></tr>
<tr><td colspan="2">合　　计</td><td>100</td><td></td><td></td><td></td></tr>
</table>

注：1．实际得分＝自我评价 40%＋小组评议 60%。

2．考评满分为 100 分，60～74 分为及格；75～84 分为良好；85 分以上为优秀（包括 85 分）。

综合实训模块二　了解港口、铁路、公路、集装箱码头装卸搬运作业中的法律法规

一、理论部分

（一）填空

1．港口货物作业合同是指_______在港口对水路运输货物进行装卸、搬运、储存、装拆集装箱等作业，作业______支付作业费用的合同。

2．港口货物作业合同可以采用________形式、________形式或其他形式。

3．集装箱码头装卸搬运作业主要包括_________作业、_________作业、作业。

（二）简答

1．自行进行港口作业的物流企业所承担的义务有哪些？

2．物流企业委托他人进行港口装卸搬运作业时所应承担的义务有哪些？

（三）案例分析

案例

羽绒服水浸案

某服装公司委托物流公司通过海运运送一批羽绒服，要求“不准放置在甲板上，应装在舱内”。货运到达后，收货人在码头堆场提货时，对箱体外表状况、关封状况未提出任何异议。但拆箱时，却发现有三个集装箱中部分羽绒服遭水浸泡，经商检认定水浸系因海水所致。

问题：物流公司是否承担赔偿责任？

二、实践部分

1. 训练目标：将货物装入集装箱，并作装箱前检查。
2. 训练准备：小包装的货物、集装箱及附属件、维修工具。
3. 训练地点：实训基地或实验室。
4. 训练办法：

（1）集装箱外部检查，是否有损伤、变形、破口等异常现象。
（2）集装箱内部检查，查看是否漏水、漏光，是否有污点、水迹等。
（3）箱门检查，箱门是否完好，是否能够 270° 开启。
（4）查看集装箱是否清洁。
（5）查看集装箱的附属件，检查附属件是否齐备，是否处于正常工作状态中。
（6）装箱、摆放货物。

学习评价

被考评人					
考评地点					
考评内容	在货物进行装箱之前应该做的检查				
考评标准	内　　容	分值/分	自我评价/分	小组评议/分	实际得分/分
	外部检查	20			
	内部检查	20			
	查看集装箱是否清洁	10			
	查看集装箱的附属件是否齐备，是否处于正常工作状态中	50			
合　　计		100			

注：1. 实际得分＝自我评价 40%＋小组评议 60%。
　　2. 考评满分为 100 分，60～74 分为及格；75～84 分为良好；85 分以上为优秀（包括 85 分）。

第六单元　流通加工法律法规

综合实训模块一　了解流通加工实务

一、理论部分

（一）填空

1. 流通加工是指物品在从_____到_____的过程中，根据需要进行包装或分割、计量、分拣、刷标志、挂标签、组装等简单作业。

2. 流通加工法律是与_____相关的法律规范的总称。

3. 关于流通加工的立法主要表现在_____合同上。

（二）简答

1. 简述流通加工的工作内容。

2. 简述流通加工的类型。

3. 简述物流企业在流通加工活动中的义务及责任。

（三）案例分析

案例

超市的净菜加工

为了方便消费者，同时提高蔬菜的附加值，连锁超市一般要对销售的时令鲜菜进行加工、分包。由于超市本身能力有限，往往委托加工。某超市与一蔬菜收购商签订委托加工合同，要求收购商按其要求保质保量地进行加工。加工的净菜上市后非常受欢迎。但有一日，购买净菜的消费者发现所买的菜中有一只昆虫，便向超市提出索赔。

问题：该责任应由谁来负责？

二、实践部分

1．训练目标：对较大包装的商品改为小包装，贴标签。

2．训练准备：大米若干、25 千克装口袋若干、10 千克装口袋若干、5 千克装口袋若干、台秤、磅秤。

3．训练地点：粮库。

4．训练办法：2～4 人为一组，分装大米，装袋封口。

学习评价

被考评人					
考评地点					
考评内容	流通加工的类型				
考评标准	内　容	分值/分	自我评价/分	小组评议/分	实际得分/分
	为满足需求多样化进行的服务性加工	10			
	为方便消费进行的流通加工	10			
	为保护产品进行的流通加工	10			
	为弥补生产领域加工不足的流通加工	10			
	为促进销售的流通加工	10			
	为提高加工效率的流通加工	10			
	为提高物流效率、降低物流损失的流通加工	10			
	为衔接不同运输方式，使物流更加合理的流通加工	10			
	生产—流通一体化的流通加工	10			
	为实施配送进行的流通加工	10			
合　计		100			

注：1．实际得分＝自我评价 40%＋小组评议 60%。

2．考评满分为 100 分，60～74 分为及格；75～84 分为良好；85 分以上为优秀（包括 85 分）。

综合实训模块二　掌握加工承揽合同

一、理论部分

（一）填空

1．加工承揽合同是指_____按照_____的要求完成一定工作，并交付工作成果，接受_____的工作成果并给付报酬的合同。完成工作的一方称为_____，接受工作成果并支付报酬的一方称为_____。

2．加工承揽合同包括_____、_____、_____。

（二）简答

1．简述加工承揽合同的主要内容。

2．简述承揽人的主要义务。

3．简述定做人的主要义务。

（三）案例分析

案例 1

转让加工承揽造成损失案

育明中学向某服装厂定做了 260 套校服，并签订了加工承揽合同。服装厂在合同签订之后，将这批加工任务转包给某街道被服厂。在合同交货之日，育明中学发现有 1/4 的校服不符合合同所定规格，要求服装厂修改或赔偿损失。但服装厂以不是它们所制作的为由，不予答复。双方发生了纠纷。

问题：转让加工承揽的任务给第三方，造成的损失应由谁来承担？

案例 2

加工承揽的原材料案

2009 年 7 月 12 日，星日光学仪器厂与无线电二厂签订了加工承揽合同。合同规定：星日光学仪器厂为无线电二厂加工 220 块红外线测距仪三秒棱镜，由无线电二厂为星日光学仪器厂提供原材料。星日光学仪器厂收取加工费 1 570 元，并于 2009 年 10 月 30 日前交货。在合同交货期限内，无线电二厂对星日光学仪器厂所加工的红外线测距仪三秒棱镜进行了质量检验，发现有 1/4 不合乎合同要求，请求星日光学仪器厂予以赔偿，否则不给付加工费；而星日光学仪器厂以无线电二厂提供的原材料质量等级不一致，不完全符合标准为由，拒绝对方的请求，并向星日光学仪器厂索要加工费。为此，双方发生纠纷，星日光学仪器厂将无线电二厂起诉到人民法院。

问题：承揽人对定做人提供加工承揽的原材料负有什么责任？

二、实践部分

1．训练目标：模拟签订加工承揽合同。

通过对签订加工承揽合同能力的训练，了解加工承揽业务，认识加工承揽的作用，明确物流企业在加工承揽中承担的责任。

2．训练准备：

（1）人员准备：每组 4～6 人，分为甲乙双方。甲方为物流加工企业，乙方为定做人。

（2）资料准备：企业有关材料、合同文本等。

3．训练地点：教室或实验室。

4．训练办法：

（1）乙方提出要求。

（2）甲方谈条件，应答。

（3）双方协商。

（4）签订合同。

学习评价

被考评人					
考评地点					
考评内容	加工承揽合同中承揽人的主要义务				
考评标准	内　　容	分值/分	自我评价/分	小组评议/分	实际得分/分
	承揽人应完成合同约定的工作任务	20			
	承揽人应按合同的约定提供原材料或接受、检验、保管、使用定做人提供的原材料	20			
	交付工作成果，保证定做人顺利实现对定做物的利益	20			
	保密义务	20			
	接受定做人必要监督的义务	20			
合　　计		100			

注：1．实际得分＝自我评价40%＋小组评议60%。
2．考评满分为100分，60～74分为及格；75～84分为良好；85分以上为优秀（包括85分）。

第七单元　物流包装法律法规

综合实训模块一　了解物流包装实务

一、理论部分

（一）填空

1．包装是在流通过程中为了保护______、方便______、促进______，按一定技术方法而采用的容器、材料及辅助物等的总称。

2．物流包装的基本要求：______的要求、______的要求、______的要求。

3．包装法律规范，是指一切与______有关的法律的总称。

4．包装法律规范的特点：______、______、______、______。

（二）简答

1．简述自身进行包装活动的物流企业在物流包装中所处的法律地位。

2．简述自身不进行包装活动的物流企业在物流包装中所处的法律地位。

3．简述包装涉及的知识产权。

（三）案例分析

案例

熊猫酒包装

几年前，A 酒厂隆重推出高档熊猫酒，酒瓶的包装形状为一怀抱竹子的可爱熊猫宝宝。该产品一经推出就受到消费者欢迎。随后 B 酒厂也推出了有此包装形状的酒。A 酒厂发现后，立即与对方交涉，要求对方停止使用，但对方以熊猫不具有独立性为由继续使用。于是 A 酒厂向人民法院提出上诉。

问题：你认为谁能胜诉？

二、实践部分

1．训练目标：了解包装物知识产权保护。

2．训练准备：多种带有包装物的商品。

3．训练地点：市区内各大批发市场。

4．训练办法：

（1）在批发市场中调查有没有侵权包装。

（2）了解生产厂家要在哪些方面对产品包装进行保护。

学习评价

被考评人					
考评地点					
考评内容	包装涉及的知识产权				
考评标准	内　　容	分值/分	自我评价/分	小组评议/分	实际得分/分
	商标权涉及的内容	50			
	专利权涉及的内容	50			
合　　计		100			

注：1．实际得分＝自我评价 40%＋小组评议 60%。

2．考评满分为 100 分，60～74 分为及格；75～84 分为良好；85 分以上为优秀（包括 85 分）。

综合实训模块二　掌握普通货物、危险货物的包装法律规范

一、理论部分

（一）填空

1．普通货物是指除______、______货物以外的一切货物。

2．危险货物是指具有爆炸、易燃、毒害、腐蚀、放射性等性质，在运输、装卸和保管储存过程中容易造成______伤亡和______损毁而需要特别______的货物。

（二）简答

1．简述普通货物包装的基本原则。

2．简述普通货物销售包装的基本要求。

（三）案例分析

案例

西红柿与黄瓜

某超市接到一批蔬菜加工订单，订单要求在 3 日内向某大型酒店供应西红柿和黄瓜各1吨。该超市把西红柿和黄瓜采购进来后，立即进行加工。加工后，进行包装时，超市工作人员为了节省包装物，在包装黄瓜的盒子里放入几个西红柿。包装完毕，立即用车将两种蔬菜发往酒店。几天后，酒店方面发来索赔函，要求超市对腐烂的黄瓜进行赔偿。

问题：超市工作人员在包装时犯了什么错误？（注：西红柿和黄瓜放在一起会导致黄瓜腐烂）

二、实践部分

1．训练目标：

（1）了解包装物在运输、销售方面的作用。

（2）危险货物包装标识的重要性。

2．训练准备：熟悉包装物在运输、销售中起到的促销作用，了解危险货物包装标识。

3．训练地点：大型仓储中心、家用电器连锁店。

4．训练办法：仔细观察危险货物的外包装标识；观察家用电器的外包物，发现哪些方面有利于运输，哪些方面能起到促销作用。

学习评价

被考评人					
考评地点					
考评内容	普通货物包装条款的要求				
考评标准	内 容	分值/分	自我评价/分	小组评议/分	实际得分/分
	包装的提供方	30			
	包装材料和方式	30			
	运输标志	40			
合 计		100			

注：1．实际得分＝自我评价 40%＋小组评议 60%。

2．考评满分为 100 分，60～74 分为及格；75～84 分为良好；85 分以上为优秀（包括 85 分）。

综合实训模块三　了解国际物流中的包装法律法规

一、理论部分

（一）简答

1．简述国际物流中包装的特点。

2．简述国际物流中包装所应遵循的法律法规。

3．简述《国际海运危险货物规则》中对于危险货物包装的基本要求。

（二）案例分析

案例

黄麻起火案

甲为农副产品进出口公司，乙为综合物流服务商。2009年7月，甲欲将黄麻出口至印度，它将包装完好的货物交付给乙，乙为甲提供仓储、运输等服务。黄麻为易燃物，储存和运输的处所都不得超过常温。甲因听说乙已多次承运过黄麻，即未就此情况通知乙，也未在货物外包装上作警示标志。2009年8月9日，乙将货物运至其仓储中心，准备联运，因仓库储物拥挤，室温高达35℃。8月11日，货物突然起火，因救助不及，

美国、菲律宾、澳大利亚、新西兰、英国等国家都禁止使用稻草作为包装材料或者衬垫；澳大利亚则规定若使用木板箱、木托盘包装的，出口商必须提供已在出口国进行熏蒸处理的证明，否则不准入境。

致使货物损失严重。据查，起火原因为仓库温度较高导致货物自燃。双方就此发生争议。

问题：甲的损失应该由谁来承担？为什么？

二、实践部分

1. 训练目标：对出口商品进行外包装。
2. 训练准备：搜集几种出口商品，包括日用品、危险品、外包装物、标识标签。
3. 训练地点：实训基地。
4. 训练办法：

（1）按出口商品的外包装要求进行包装。
（2）严格遵守进口国有关包装物方面的法规。
（3）对危险品进行标识。

学习评价

被考评人					
考评地点					
考评内容	国际物流中运输包装的标志				
考评标准	内　　容	分值/分	自我评价/分	小组评议/分	实际得分/分
	运输标志	30			
	指示性标志	30			
	警告性标志	40			
合　　计		100			

注：1. 实际得分＝自我评价 40%＋小组评议 60%。
　　2. 考评满分为 100 分，60～74 分为及格；75～84 分为良好；85 分以上为优秀（包括 85 分）。

第八单元　物流活动中有关保险的法律法规

综合实训模块一　了解保险合同知识

一、理论部分

（一）填空

1. 保险合同是指由被保险人支付______，保险人按照约定，对______ 遭受保险事故造成保险______的损失和产生的责任负责赔偿的合同。

2. 保险合同可以由______在保险单上背书或者以其他方式转让，合同的权利和义务随之转移。

（二）简答

1. 保险合同的法律特征有哪些？

2. 保险合同的主要内容是什么？

（三）案例分析

 案例

晚起航两天

一家贸易公司就出口的一批山羊与保险公司签订了保险合同，双方在合同中约定从港口起航日4月5日至抵港日5月6日为理赔期限。由于贸易公司因准备饲料延误了起航时间，4月7日才起航，4月8日货物经过马六甲海峡，遭遇巨大风暴，致使山羊死亡一半。山羊运抵目的地后，贸易公司向保险公司提出索赔。保险公司经过论证后决定赔偿损失的10%。

问题：保险公司为什么仅赔偿10%？

二、实践部分

1. 训练目标：了解保险合同签订过程及索赔过程。
2. 训练准备：准备保险合同单，邀请保险公司理赔员。
3. 训练地点：学校实验室或教室，有条件的可以到保险公司。
4. 训练办法：

1）两人一组，一方为保险人，另一方为被保险人，两方就保险标的物签订合同。

2）请保险公司理赔员就发生风险的理赔过程进行讲解。

学习评价

被考评人					
考评地点					
考评内容	保险合同条款				
考评标准	内　　容	分值/分	自我评价/分	小组评议/分	实际得分/分
	保险合同的基本条款	30			
	保险合同的特约条款	30			
	免责条款	40			
合　　计		100			

注：1．实际得分＝自我评价 40%＋小组评议 60%。

2．考评满分为 100 分，60～74 分为及格；75～84 分为良好；85 分以上为优秀（包括 85 分）。

综合实训模块二　国际货物运输保险简介

一、理论部分

（一）填空

1．海上货物运输保险通常又称_____险，是指对运输中的货物因__________或意外事故所导致的损失给予补偿的一种保险，这种保险基本属于______范畴。

2. 海上风险又称_____，是保险业上的专门用语，它包括海上发生的______和______。

3．海运货物保险合同的形式主要有以下几种：_____、_____、_____、_______。

4．中国人民保险公司根据《海洋运输货物保险条款》承保的保险险别有险别与______险别之分。

（二）简答

简述陆上货物运输保险的内容。

（三）案例分析

案例

汽车保险案

2004 年 4 月 1 日，某省甲汽车运输公司为该公司一辆解放牌汽车向保险公司投了保，保险期限为1年，即从2004年4月1日起，至2005年3月31日24时止，保险金额为15 000元。2005年1月1日，甲汽车运输公司将该解放牌汽车卖给了个体运输户乙，为图省事，甲汽车运输公司没有到保险公司办理该车的保险合同过户批改手续，也未办理汽车过户手续。当月，乙找到其在保险公司工作的熟人丙，向丙介绍了其买车的情况，求丙帮助办理保险合同的转让手续。不久，丙找到该车的保单存根，未请示领导便擅自给乙办了保险证。同年3月15日，乙驾驶该解放牌汽车跑长途运输，在邻省某地与当地个体运输户的汽车相撞，致使对方车辆严重损坏。乙当日向保险公司报了险。保险公司了解到该解放牌汽车未办理过户批改手续，拒绝派人勘察现场。事故经当地交通大队勘查裁定，乙对撞车负全部责任，应赔偿对方损失11 200元。乙遂以办理保险证为由向保险公司索赔，保险公司以乙未办理保险过户批改手续为由拒绝给付补偿金额。此后，乙又请甲汽车运输公司向保险公司索赔，也被保险公司拒绝。因此，乙向人民法院起诉，要求保险公司给付11 200元。

问题：保险公司是否应该承担赔偿责任？为什么？

二、实践部分

1. 训练目标：了解海上货物运输保险。
2. 训练准备：聘请保险公司有关海上险种人员。
3. 训练地点：班级教室。
4. 训练办法：

1）由保险人员讲解。

2）学生就有关问题进行提问。

3）在保险人员的支持下，就有关保险合同进行模拟签订。

学习评价

被考评人					
考评地点					
考评内容	海上货物运输保险承保的费用				
考评标准	内　　容	分值/分	自我评价/分	小组评议/分	实际得分/分
	施救费用	50			
	救助费用	50			
合　　计		100			

注：1. 实际得分＝自我评价40%＋小组评议60%。

2. 考评满分为100分，60～74分为及格；75～84分为良好；85分以上为优秀（包括85分）。

参 考 文 献

[1] 李志文．物流实务操作与法律[M]．大连：东北财经大学出版社，2003．

[2] 孟琪．物流法概论[M]．上海：上海财经大学出版社，2004．

[3] 张瑜．物流法规[M]．北京：对外经济贸易大学出版社，2004．

[4] 于定勇，郭红亮．现代物流法律制度[M]．广州：暨南大学出版社，2003．

[5] 储雪俭．现代物流管理教程[M]．上海：上海三联书店，2002．

[6] 武德春．现代物流仓储与配送[M]．苏州：苏州大学出版社，2004．

[7] 龙江．商贸企业物流[M]．北京：中国物资出版社，2003．

[8] 李雪松．现代物流作业管理[M]．北京：北京大学出版社，2004．

[9] 张晓川．现代仓储物流技术与装备[M]．北京：化学工业出版社，2003．

[10] 王蓓彬．现代仓储管理[M]．北京：人民交通出版社，2003．

[11] 宋玉．仓储实务[M]．北京：对外经济贸易大学出版社，2004．

[12] 赵涛．仓储经营管理[M]．北京：北京工业大学出版社，2004．

[13] 现代物流课题组．汽车货运企业运作与管理[M]．广州：广东经济出版社，2003．

[14] 胡美芬．物流相关法规与国际公约[M]．成都：四川人民出版社，2002．

[15] 祝铭山．购销合同纠纷[M]．北京：中国法制出版社，2003．

[16] 祝铭山．运输合同纠纷[M]．北京：中国法制出版社，2004．

[17] 焦文范．物流理论与案例[M]．北京：中国铁道出版社，2003．

[18] 唐渊．国际物流学[M]．北京：中国物资出版社，2004．

[19] 夏春玉，李健生．绿色物流[M]．北京：中国物资出版社，2005．

[20] 姜大立，王丰，张剑芳，王会云．行业物流管理[M]．北京：中国石化出版社，2004．

[21] 雅芬，郑磊．物流客户服务业务管理模版与岗位操作流程[M]．北京：中国经济出版社，2005．

[22] 张长青．物流法教程[M]．北京：法律出版社，2009．

[23] 姚会平．物流法理论与实务[M]．成都：西南财经大学出版社，2007．

[24] 刘忠．物流法律法规[M]．北京：化学工业出版社，2009．

[25] 王芸．物流法律法规实务[M]．北京：电子工业出版社，2007．

[26] 王峰．物流法律法规知识[M]．北京：北京理工大学出版社，2009．

[27] 陈云天．物流案例与实训[M]．北京：北京理工大学出版社，2009．